서른 즈음,
다시 태어나는

나

서른 즈음, 다시 태어나는 나

지은이 | 김현태
펴낸곳 | 북포스
펴낸이 | 방현철

1판 1쇄 찍은날 | 2008년 9월 26일
1판 1쇄 펴낸날 | 2008년 10월 02일

출판등록 | 2004년 2월 3일 제313-00026호
주소 | 서울시 마포구 합정동 414-18 402호
전화 | 02-337-9888
팩스 | 02-337-6665
전자우편 | bhcbang@hanmail.net

ISBN 978-89-91120-22-8 03320

값 12,000원

· 더 나은 내일을 꿈꾸는 이들을 위한 20가지 생존 법칙 ·

서른 즈음,
다시 태어나는
나

김현태 지음

북포스

서른 즈음, 가던 길과 새로운 길 경계에서

현재 나는 작가다. 그 전에는 카피라이터였다. 물론 지금도 카피라이터 일을 간간이 하고는 있지만 그래도 작가의 일에 훨씬 더 많이 치중하고 있다. 작가 일 80이면 카피라이터 일 20 정도라고나 할까.

내가 카피라이터라는 직업을 내려놓고 작가라는 직함을 명함에 박기까지는 숱한 고민과 망설임이 있었다. 고민과 망설임이 깊었던 이유는 크게 두 가지였다.

첫째는 단연 '먹고사는' 문제였다. 나는 혼자의 몸이 아니다. 아내와 자식이 있는 한 집안의 가장이다. 대한민국에서 글 써서 먹고산다는 건 참으로 힘든 일이다(유명한 베스트셀러 작가 몇몇을 빼고는). 실제로 계간지《소설가》에서 이런 설문조사를 한 적이 있다.

'연간 500만 원 이상의 인세 수입이 있는 소설가는 몇 명인가?'

응답 소설가 102명 중 겨우 4명만이 연간 500만 원 이상의 수입이 있는 것으로 밝혀졌다. 더 놀라운 사실은 아예 한 푼도 벌지 못했다는 소설가가 54명이나 된다는 것이다. 이게 현실이다. 그러하기에 나는 작가로 살아간다는 게 두려웠다. 과연 글만 써서 처자식을 먹여 살릴 수 있을까, 지금 나는 옳은 결정을 한 것일까, 나 자신에게 묻고 또 물었다. 그리고 되돌아온 대답은 '그래, 해보자'였다. 결국 나는 지금 작가의 길을 가고 있다.

둘째는 바로 '안정적인 직업에 대한 미련'이었다. 나는 소위 '대한민국에서 최고로 잘나가는 광고회사'에서 카피라이터로 근무했다. 감각적이고 감동적인 카피로 나름대로 윗사람과 광고주에게 인정을 받고 소비자들의 반응도 꽤 괜찮았다. 그리고 몇 년 후, 메이저급 광고회사에 만족스러운 조건으로 옮겨 갔다. 그곳에서도 나의 능력은 유감없이 발휘되었고 승승장구했다. 카피라이터의 삶, 한마디로 안정적인 미래가 보장되었다. 그러한 직업을 버린다는 것은 어쩌면 무모한 모험이며 바보짓인지도 모른다. 그러나 나는 카피라이터가 아닌 작가를 과감히 선택했다. 그 선택의 이유는 의외로 간단했다. 변하고 싶었다. 미치도록 또 다른 나로 변하고 싶었다.

나는 '의외로' 변화 속에서 살아왔다. 여기서 '의외로'라는 말을 강조한 이유가 있다. 나는 소심하고 내성적이다. 누구나 얼마쯤 그런 면을 가지고 있다고 말할 수 있겠지만 나는 정도가 심했다. 소위 '5인人울렁증'을 어릴 때부터 앓고 있었다. 5인 울렁증은 내가 지은 병명인데, 다섯 사람 이상 모인 자리에 서게 되면 떨림증세가 나타나는 걸 말한다. 중·고등학교 때, 이 증상 때문에 국어시간에 책 읽기를 못했다. 사시나무 떨듯 떨었고 입 안에 고인 침을 삼키느라 정신없었다. 그런

내 자신이 싫었고 그래서 변하고 싶었다.

어떻게 그런 용기가 났는지 모르겠지만 나는 연극을 시작했다. 연습과 노력은 결실을 이루었다. 나는 무대 위에서 배우로 활동했고 배우들을 지휘하는 연출가로도 활약했다. 그러나 그런 노력에도 불구하고 타고난 성격만큼은 고칠 수 없었다. 여전히 떨림증은 계속되었다. 그렇지만 나는 포기하지 않고 다른 방법을 강구했다.

'타고난 성격을 고칠 수 없다면 이 못난 성격을 멋지게 포장하자.'

연극 외에도 또 다른 그럴싸한 새 포장지가 필요했다. 그래서 문학에 관심을 가졌다. 심지어 남자의 신분으로 주부 문학강좌에 참여해 문학을 공부하기도 했다. 그리고 또 새 포장지가 필요해 카피라이터가 되었고 지금은 작가로의 변화를 시도하고 있다. 새로운 포장지를 찾아가는 과정 속에서 나는 성장했다.

여기서 내가 하고 싶은 말은 변화를 일으킨 원인이 무엇이든지 간에 변화라는 것은 분명 그 사람을 발전시킨다는 사실이다.

변화에는 물론 고통이 따른다. 그렇다고 두려워해서는 안 된다. 고통의 끝에는 분명 새로운 기회가 찾아오기 마련이다. 어차피 우리는 변화로부터 자유로울 수 없다. 아무리 변화를 피해 가려 해도 이미 변화의 소용돌이 속에 있다. 세상살이가 그리 만만치 않다. 오늘 변화하지 않으면 내일 변화를 당할 수밖에 없는 게 현실이다.

변하는 시늉만 하면 곤란하다. 변하려면 애벌레가 나비가 되듯 완벽하게 탈바꿈해야 한다. 변하는 데 결단과 용기가 필요하다는 건 이제 사치스럽다. 이미 삶, 그 자체가 변화의 연속이다.

'강한 종이 살아남는 것이 아니라 적응력 높은 종이 살아남는다.'는 찰스 다윈의 진화론처럼 발전하기 위해선, 승리하기 위해선 변화에 능한 사람이 되어야 한다.

이 책을 집필하게 된 동기는 이 시대를 살고 있는 모든 청춘들, 특히 20대들에게 발전적이고 자발적인 변화를 독려하기 위해서다. 지금 20대는 어떠한가? 이태백 20대 태반이 백수, 88만 원 세대 정규직으로 취직하지 못하고 아르바이트로 돈을 비는 20대, 장미족 장기간 미취업한 사람, 취집 취직 대신 시집을 택하는 여성 등으로 넘쳐나고 있다. 또한 30대는 어떠한가? 평생 직장이라는 개념이 사라진 지 오래이다. 언제 퇴출당할지, 늘 불안 속에서 살고 있다. 어쩌면 20, 30대들은 이미 절망과 좌절에 익숙해져 있는지도 모른다.

부족하나마 내 글이 삶에 지친 그들에게 새로운 모습으로 변화를 꾀할 수 있는 계기가 되고 인생을 생산적으로 설계하고 다시 도약하는 데 도움이 되었으면 한다. 그게 나의 바람이며 나의 소명이다. 마지막으로 예전에 썼던 카피 한 대목을 소개한다.

나는 멈출 수 없습니다.
변화의 시작에 늘 내가 있었고

그 끝에도 또 다른 변화를 준비하는

내가 있을 겁니다.

그렇게 해왔고

앞으로도 그렇게 할 것입니다.

2008년 9월

김현태

• 차 례 •

10

2부:: 나는 특별하다, 고로 나는 존재한다

4부 : : 내 삶의 속도를 올리자

1부

다시
태어나는
나

01 재탄생의 법칙 :
새로운 나를 만나기 위해 산고를 즐겨라

우리 산
우리 들에 피는 꽃
꽃이름 알아가는 기쁨으로
새해, 새날을 시작하자

회리바람꽃, 초롱꽃, 들꽃, 벌깨덩굴꽃
큰바늘꽃, 구름체꽃, 바위솔, 모싯대
족두리풀, 오이풀, 까치수염, 솔나리

_이해인의 시 '꽃이름 외우듯이' 중에서

콤플렉스를 버리고 다시 태어나자

나는 지금까지 살면서 다섯 번의 탄생이 있었다. 첫 번째는 누구나 그러하듯 엄마의 뱃속에서 나와 세상을 맞이했던 때다. 기억나지 않지만 분명 어머니는 '으앙~'하고 우는 아이를 바라보며 마음의 언어로 속삭였을 것이다.

"아가, 울면서 태어났으니까 앞으로는 평생 웃으며 살아라."

그러나 나는 어머니의 바람과는 달리 그리 많이 웃으며 살지 못한 것 같다. 물론 선천적으로 그다지 웃음이 많지 않은 탓도 있겠고, 변명일 수도 비겁한 일일 수도 있겠지만 세상살이가 그리 만만치 않은 까닭일 게다. 어찌 나뿐만이겠는가! 죽는 그 날까지 마음 편히 웃으며 살다 간 사람은 없을 것이다. 늘 무거운 짐 하나쯤은 짊어지고 가기 마련이다. 여하튼 나는 어머니의 몸으로부터 분리됨으로써 첫 번째 탄생을 맞았다.

두 번째 탄생은 연극과의 만남이다. 대학시절, 연극반 동아리에서 활동을 했다. 청소년 시기에 남모르는 고민 때문에 꽤 우울했다. 나는 끔찍하리만큼 지독한 떨림증을 앓았다. 남들 앞에서 무언가를 해야 하는 상황이 닥치면 사시나무 떨듯 했고 호흡곤란 증세까지 일으켰다. 그래서 국어시간에 제대로 책을 읽어본 적이 없다. 몇 줄 읽다가 선생님의 '야, 앉아!'라는 짜증 섞인 말투에 그저 고개를 숙인 채 앉았던 아픈 기억이 너무나 많다. 그래서 대학교에 입학하자마자 연극반의 문을 두드렸다. 어떻게 그런 용기가 났는지 지금 생각해도 나 자신이 참으로 대단하다. 연극반에서 나름대로 눈부신 활약을 했다. 선배들에게 많이 맞기도 하고 열심히 심부름을 다니기도 했다. 결국 나중에는 무대 위에서 주인공뿐만 아니라 여러 배역을 거뜬히 소화해냈다. 나는 인생 최고의 성취감을 느꼈다. 그렇다고 떨림증상이 완치된 것은 아니었다. 조금 완화되었을 뿐 결국 타고난 성격은 고칠 수 없었다. 중년을 바라보는 나이인데 지금도 그 병을 고칠 수 없다. 아마도 불치병이 아닌가 싶다.

세 번째 탄생은 책과의 만남이다. 아버지는 자그마한 헌책방을 경영하셨다. 그래서 나는 자연스럽게 책을 접할 수 있었다. 그렇다고 책을 좋아하는 지독한 책벌레는 아니었다. 그저 집에 딱히 놀 만한 장난감이 없었기에 책을 장난감 삼아 놀았다. 던지기도 하고 베개 삼아 잠을 청하기도 하고 그러다 심심하면 읽기도 했다. 그렇게 해서 책이 친구가 되었고 책에 중독이 되었다. 지금 생각해보면 참으로 아버지께 감사할 일이다. 서점을 했기에 그나마 책이랑 친해질 수 있었다.

네 번째 탄생은 카피라이터라는 직업이다. 광고회사에서 카피라이터로 일을 했다. 그것도 자부심을 가질 만한 국내 최고의 광고회사에서 말이다. 나는 한 줄 한 줄의 카피를 쓰면서 나름대로 세상을 바라보는 독특한 시선과 냉철한 분석력까지도 배웠다. 어리숙하고 어리바리하고 지극히 감성적인 나를 그 직업은 좀 더 견고하고 단단하고 이성적인 사람으로 만드는 데 일조를 했다. 카피라이터라는 직업을 통해 나는 세상 물정을 알 수 있었고 포장을 잘해야 상품이건 사람이건 잘 팔린다는 것도 깨달았다. 어쩌면 근 7년 동안 카피라이터를 하면서 벌었던 돈보다 그 깨달음이 더 큰 소득

인지도 모르겠다.

다섯 번째 탄생은 작가가 된 일이다. 나는 이른바 '말발'이 약하다. 물론 그것 때문에 지금도 속상하다. 내가 하고자 하는 마음속 이야기를 제대로 표현하지 못해 손해를 보기 일쑤고 또한 누군가와 논쟁을 벌일 때도 더듬대다 백기를 들기 일쑤다. 그래서 아예 논쟁을 피하게 된다. 그러나 퍽 다행스러운 건 신은 나에게 말을 잘하는 능력을 주지 않은 대신 글을 쓸 수 있는 재능을 주셨다. 그래서 과감하게 작가라는 새로운 길로 방향을 돌렸다. 물론 그런 결정을 내리기에는 참으로 많은 고민의 나날을 보내야만 했다. 그러나 그 선택을 후회하지는 않는다. 물론 수입 면에서는 카피라이터를 했을 때보다는 턱없이 적다. 그러나 행복하다. 내가 진짜로 하고 싶은 일, 그 일을 한다는 사실만으로도. 지금은 글을 쓰며 밥을 먹고 산다.

지금의 시련을 마음의 변화로 극복하자

세계적인 기업 GE의 최고 경영자를 지낸 잭 웰치도 어릴 적 치명적인 시련이 있었기에 지금의 자리에 오를 수 있었다.

소년 잭 웰치는 말을 심하게 더듬었다. 또래 친구들이 노래 부르고 조잘조잘 이야기를 나눌 때면 잭 웰치는 늘 한구석에서 입만 쭉 내밀고 있었다.

잭 웰치는 밖에만 나가면 친구들에게 놀림을 당하곤 했다. 엄마는 그런 아들이 안타까웠다.

그러던 어느 날, 엄마는 잭 웰치에게 말했다.

"넌 왜 너의 장점 때문에 부끄러워하니?"

그 말에 잭 웰치는 고개를 갸우뚱거렸다.

'나에게도 장점이 있었나? 난 말을 더듬는 아인데 나에게 무슨 장점이……'

엄마는 이어 말했다.

"잭, 엄마 말을 잘 들어보렴. 네가 지금 말을 할 때 더듬는 이유는 너의 말보다 생각의 속도가 빠르기 때문이야. 그만큼 넌 남보다 앞선 생각을 하고 있다는 증거야. 그러니 말 더듬는 것 때문에 기죽지 마라. 알았지? 너는 남보다 뛰어난 아이야."

엄마의 그 말 한마디에 잭 웰치는 자신의 치명적인 단점을 최고의 장점으로 여기게 되었다. 그 심리적인 변화가 결국 그를 최고의 경영자로 만든 것이다.

변화를 한다는 것, 새로운 모습으로 다시 태어난다는 것은 그리 쉬운 일은 아니다. 늘 변하기 위해 남보다 더 많은 땀을 흘려야 하고 마음속에 간절함이 몸서리치도록 있어야 한다. 변화하지 않으면 죽는다는 각오로, 지금이 아니면 영영 뒤처진다는 절박함으로 늘 새로운 변화를 시도해야 한다.

요즘 우리 동네 슈퍼마켓 아저씨의 모습에서도 변화를 위한 재탄생의 몸부림이 읽혔다. 예전에는 눈이 마주쳐도 그냥 멀뚱멀뚱 쳐다보며 서로 지나갔는데 요즘은 그 아저씨가 먼저 알은체를 하며 "안녕하세요. 좋은 아침입니다."라고 인사를 건넨다. 인사성이 부쩍 밝아진 것이다. 갑자기 예절 교육을 받은 것도 아닐 텐데 왜 갑자기 다정한 미소를 지으며 인사를 하는 걸까, 나는 좀 의아하다는 생각을 했다. 슈퍼마켓 아저씨는 나에게만 그러는 것이 아니다. 지나가는 동네 사람들 모두에게 친절히 인사를 건넨다. 예전에는 볼 수 없었던 그 모습, 그 이유가 뭘까? 곰곰이 생각해보니 그 해답을 찾을 수 있었다. 자신의 사업체인 슈퍼마켓을 지키기 위한 나름대로의 전략인 것이었다.

저렴한 가격에 물건을 공급하는 대기업이 운영하는 대형 마트가 우후죽순처럼 생기는 바람에 동네 슈퍼마켓에는 손님의 발길이 점점 줄어드는 추세다. 그러다 보니 문을 닫는 경우도 생긴다. 아저씨는 어떻게든 슈퍼마켓을 지키고 싶었던 게다. 대형 마트에 맞서 가격 경쟁을 벌일 수도 없는 노릇이고 나름대로 살 궁리를 한 끝에 내세운 전략이 바로 '친절과 인정人情'이라는 것이었다.

동네 사람들과 자주 눈을 맞추고 친절하게 대해서 그들의 발길을 붙들고 싶었던 것이다. 물론 언제까지 그 방법이 통할지는 모르겠지만 여하튼 지금까지는 그럭저럭 운영이 잘 되고 있는 것 같다. 이처럼 동네의 작은 슈퍼마켓을 운영하는 데에도 나름대로의 전략이 필요하다.

21

경쟁상대가 없다면야 늘 하던 방식으로 하면 되겠지만 요즘 세상은 그렇지 않다. 하루만 자고 나면 어느새 경쟁상대가 바로 등 뒤까지 쫓아와 내 밥그릇을 위협한다. 한마디로 피 튀기는 경쟁시대다. 남들이 생각하지 못한 나만의 새로운 전략을 도입하지 않으면 수십 년을 쌓아온 탑도 하루아침에 무너지는 게 현실인 것이다.

새로운 오늘에는 새로운 정신이 필요하다

일찍이 루소는 "인간은 두 번 태어난다."고 말했다. 그러나 두 번으로는 부족하다. 그 이상의 재탄생이 필요한 시대다. 인간으로의 탄생과 자아형성을 위한 탄생 외에도 발전하고 성공하고 목표를 달성하기 위한 전략적 탄생이 필요한 것이다. 발전된 나, 성공한 나를 만나려면 지금의 나를 버려야 한다. 지금의 나를 파괴해야 한다. 한 번 태어난 것에 머물지 않고 매일매일 새롭게 태어나야 한다는 것이다.

물론 새로운 변화를 위한 탄생에는 고통이 따르기 마련이다. 그렇다고 머뭇거리거나 안주할 수만은 없다. 새로운 변화가 두려워 뒤로 물러난다면 결국 변화의 소용돌이에 휩싸여 자기 자신은 사라지고 말 것이다.

우리는 솔개를 보면서 변화의 의지를 다져야 할 것이다.

솔개는 70살까지 사는데 40살 무렵 선택의 기로에 서게 된다. 부리는 가슴 쪽으로 구부러지고 발톱 또한 안으로 굽은 채 굳어버려

눈앞에 보이는 먹이도 잡을 수 없게 된다. 그 뿐만 아니라 깃털들은 두꺼워져 날아다니는 데 큰 짐이 되고 만다. 한마디로 솔개는 40살에 이르러 골방 늙은이 신세가 되고 만다.

이때 솔개는 어떤 선택을 할까. 솔개는 자신의 부리가 없어질 때까지 바위에 부딪친다. 부리가 없어지면 새로운 부리가 자라난다. 또한 새로운 부리로 그는 자신의 낡고 쓸모없는 발톱을 하나하나 뽑아낸다. 그러면 그 자리에 새로운 발톱이 자라난다. 거기서 멈추지 않는다. 부리로 거추장스러운 깃털을 모두 뽑아낸다. 몇 개월이 지나면 가볍고 화려한 깃털이 새록새록 돋아나고, 마침내 솔개는 하늘을 휘익 날아다니며 새로운 인생을 살아간다.

스스로 변하겠다고 독한 마음을 먹고 그 변화를 이끌어낸다면 새로운 인생을 살 수 있다. 다시 말해서 혁신의 과정을 통해 더 발전된 미래를 만날 수 있다는 얘기다.

오늘, 아니 지금 이 순간부터 변하자

20세기 최고의 영적 스승이라 불리는 오쇼 라즈니쉬는 그의 저서 《The Book》에서 매 순간 태어나야 함을 강조했다.

"현재는 그대의 삶 속에서 가장 미지의 현상이다. 하지만 이 점만은 꼭 명심하라. 그대가 순간을 살았다면 곧바로 그것은 과거라는 사실을 말이다. 그때 그것을 버려라. 과거가 아무리 아름다울지라도 그 과거에 집착하지 마라. 과거는 흘러가고 더 이상 존재하지 않는다."

오쇼 라즈니쉬는 과거보다는 현재를, 아니 지금 이 순간의 변화를 강조했으며 우리에게 강력하게 요구하고 있다. 그렇다고 과거를 무작정 잊고 지우라는 말은 아닐 것이다. 현재를 살아가는 데, 미래를 향하는 데 과거의 기억이나 성취가 도움이 된다면야 함께 가면 좋겠지만 과거가 걸림돌이 된다면 그것만큼은 과감히 마음속에서 도려내라는 것이다. 과거로부터 자유로워야 현재에 충실할 수 있고 그 안에서 새로운 변화를 꾀할 수 있는 것이다.

《느리게 산다는 것의 의미》의 저자 피에르 쌍소도 현재, 즉 지금의 가치를 중요시했다.

"그 어떤 사건들보다 가장 나를 흥분케 하는 것은 '하루'의 탄생이다. 하루의 탄생을 지켜볼 때마다 나는 충만감을 느낀다. 왜냐하면 하루는 24시간 동안 매 순간 깨어나서 자신의 모습을 드러내기 때문이다. 나의 눈에는 하루의 탄생이 아기의 탄생보다 더 감동적으로 다가온다. 내일은 또 다른 하루가 태어날 것이다. 내일 나는 다시 한 번 미래를 내다보는 사람이 될 것이다."

매일매일 새로운 모습으로 탄생한다는 것은 남들과 다를 뿐만 아니라 앞으로 전진을 하기 위해 꼭 필요한 것임을 깨달아야 한다.

변화무쌍한 카멜레온이 되자

미래는 아무에게나 성공과 행복을 주지 않는다. 시대의 변화보다 내 안의 변화를 먼저 이끌어내는 자, 끊임없이 어제의 나를 탈피하고 새로운 외피를 두르는 자에게 성공과 행복을 준다.

미래를 내다보는 안목을 지닌 빌 게이츠는 이렇게 말했다.

"우리는 현재의 제품에 만족할 수 없다. 끊임없이 스스로 업그레이드해야 한다. 시장에서 자사 제품은 2~3년 내에 구식 제품이 될 것이며, 이는 자신들에 의해서 혹은 다른 기업 누군가에 의해서 그렇게 될 것인가의 문제일 뿐이다."

굳이 빌 게이츠의 말을 빌리지 않아도 우리는 알고 있다. 새로워지거나 변화하지 않으면 곧 도태된다는 것을.

유심히 주위를 살펴보라. 그 변화가 확연하게 드러나진 않지만 분명 변하고 있다.

바닷물은 어제와 같은 온도가 아니며 어제와 같은 높이도 아니다. 올챙이도 어제와 다르다. 어느새 뒷발이 생기고 높이 뛸 채비를 하고 있다. 새끼 독수리도 마찬가지다. 낭떠러지 앞에서 더 이상 우물쭈물하지 않는다. 스스로 몸을 던져 하늘을 향해 비상한다. 나무는 움직이지 않을 뿐이지 안으로 안으로 매일 성장한다.

회사가 망하지 않고 유지되고 발전하려면 어쩔 수 없이 변화의 파도를 일으켜야 한다. 개인도 마찬가지다.

그 변화의 파도에 휩쓸려 희생당하기보다는 파도 위에서 윈드서핑을 즐기기 위해선 먼저 변화를 읽고 새로운 옷을 입어야 한다. 그 옷이 전혀 다른 새로운 일이든 아니면 원래 하던 일 중에서 일하는 방식을 새롭게 바꾼 것이든 아니면 나쁜 습관을 버리고 새로운 습관으로 살든 어찌 됐든 변해야 한다.

사회생활에 첫발을 내딛는 사회 초년생도 긴장을 늦춰서는 안 된다. 취업했다는 성취감이 만족감으로 지속되면 안 된다. 잔인한 말이지만 취업했다는 기쁨은 첫 출근길, 첫 월급 때로 마무리 짓자. 이제는 실전이다. 2년 안에 승진을 하든지 아니면 몸값을 올려 좀 큰 회사로 옮기겠다는 목표를 세우고 일하자. 그러한 목표를 갖는다면 생활 태도가 달라질 것이다. 변화는 시련이 아니라 발전이다. 그래, 지금 시작하자. 책을 펼치든, 선배들의 업무 노하우를 캐내든, 영어학원을 다니든 바로 지금이다.

Think more deeply

재탄생하기 위해선 변화를 기꺼이 받아들여야 한다. 변화하기 위해선 어제의 나를 버리고 오늘 새롭게 태어나야 한다.

멍화린의 《10일 안에 변신하기》의 도입부에 보면 선언문이 나온다. 그 선언문을 간추려 소개하고자 한다.

이 선언문을 10번 이상 읽는다면 분명 변신의 의지를 다질 수 있을 것이다.

나는 열등감, 게으름, 목표상실, 불평, 무관심, 허영심, 자기한계, 이기주의, 약속불이행, 완벽추구—내 인생에 이 10가지 약점들을 허락하지 않겠습니다.

어려움이 클수록 기쁨이 클 것이라고 믿습니다.

내 스스로 꺼져가는 희망의 불을 밝히겠습니다.

세차게 타오르는 희망의 불꽃을 보며 잃어버린 웃음과 행복을 되찾겠습니다.

어떤 시련이 와도 포기하지 않을 것이며 변화하는 내 모습을 보며 기뻐하겠습니다.

내 인생의 주인공은 내 자신이기에 눈부신 삶 속에서 당당하게 살겠습니다.

내 인생은 이제부터가 시작입니다.

날짜 :　　　　　　　　서명 :

02 다이아몬드의 법칙 :

'나'를 최고의 보석으로 만들어라

나는 이미 충분히 가치가 있는 존재이다.
나 스스로 나를 인정하기만 한다면.

_생텍쥐페리

근거 없는 패배감은 당장 버려버리자

지금도 초등학교 소풍 때 보물찾기를 하는지 모르겠지만, 내가
어릴 때만 해도 소풍을 가면 늘 보물찾기를 했다. 연필, 책, 노트
등의 상품 이름을 적어놓은 쪽지를 선생님들이 미리 숲속에 숨겨
놓는다. 호루라기 소리와 함께 보물찾기가 시작되면 아이들은 두
눈을 휘둥그레 뜨고 정신없이 쪽지를 찾아 헤맨다. 잠시 뒤, 여기
저기서 잔뜩 흥분된 목소리가 터진다.

"찾았다! 연필 한 다스."

"나도 찾았다. 나는 노트 세 권!"

"에이! 꽝이잖아!"

보물을 찾는 아이들의 그날 기분은 최고였고 설령 보물을 찾지 못했어도 그리 기분이 상하거나 슬프지는 않다. 함께 어울려 한바탕 놀았다는 게 얼마나 재미있고 신나는 일인가.

나는 매번 보물을 찾지 못했다. 그래서 입술이 삐죽 나왔는데 어떤 선생님이 다가와 이런 말을 해준 적이 있다.

"보물은 바로 너야. 살아가면서 진짜 너를 찾도록 하렴."

그 말이 무슨 말인지 그때 당시는 이해할 수 없었다.

청소년 시기에 나는 나를 참으로 미워했다. 늘 나 자신이 부족하다고 생각했다. 우리 집에는 언제나 일숫돈을 받으러 오는 아저씨들이 있었다. 하루하루 번 돈으로 그 빚을 갚았다. 돈이 벌리지 않는 날이면 아버지는 자리를 피했다. 어린 나는 괜히 주눅이 들었고 더군다나 성격 또한 부끄러움이 많아, 사람들과의 관계에 늘 소극적이었다. 한때는 부모님을 원망한 적이 있었다. 나를 왜 웅변학원에 보내주지 않았느냐고. 뭐가 그리 두려웠는지 나는 점점 작아졌고 급기야 나 자신을 미워하며 사춘기를 보냈다. 물론 여자에게 차이는 일도 허다했다.

지금 돌이켜보면 참으로 내가 어리석고 못났다는 생각이 든다. 뭐가 그리 못났길래 스스로 나의 가치를 깎아내렸는지 말이다. 여

29

하튼 지난날이라 쉽게 말하지만 아쉬운 마음이 있다. 그때 조금 더 나 자신을 믿고 사랑했으면 하는 마음이 든다.

사람의 가치는 얼마일까?

사람의 값을 돈으로 환산하면 얼마나 될까, 하는 것을 책에서 읽은 적이 있다.

체중이 70kg인 사람의 육체를 물질적으로만 분리한다면 다음과 같다. 비누 7개가량의 지방 덩어리가 있을 것이고 석회 12kg, 성냥 2,200개비 분량의 인, 2.5cm 못에 해당하는 철, 한 숟가락 분량의 유황, 비철금속 30g 등으로 구성되어 있다. 이 물질을 값으로 환산하면 대략 2만 원 정도의 가치라는 것이다. 이 얼마나 놀라운 사실인가. 이처럼 인간의 값은 참으로 허접스럽기 그지없다. 그러나 인간의 가치가 위대하고 높이 평가되는 이유는 뭘까? 바로 영혼이 있기 때문이다. 생각하고 스스로 최고라 생각하는 자신감이 있기 때문이다. 그 영혼의 가치, 자신감의 가치는 그 어떤 보석보다도 더 값어치가 있고 빛난다.

개개인마다 이런 위대한 영혼을 가지고 있는 것이다. 그러나 간혹, 사람은 자신의 가치를 잊고 산다. 평가절하하고 만다.

가짜가 아닌 진짜 가치를 위해 살아야 한다

프랑스의 작가 모파상이 쓴 〈목걸이〉라는 작품이 있다.

그 작품의 내용을 요약하면 다음과 같다.

마틸드라는 여인이 있었다. 그녀는 가난한 관리와 결혼했기에 생활이 그리 넉넉하지가 않았다.

그러던 어느 날, 마틸드와 남편은 무도회 초청을 받았다. 그러나 둘은 마음이 썩 좋지 않았다.

"여보, 무도회에 참석하려면 드레스와 목걸이가 있어야 하는데 어떡하죠?"

"그러게 말이야. 걱정하지 마. 내가 어떻게든 구해볼게."

남편은 그동안 모은 돈으로 드레스를 샀다. 그런데 목걸이는 너무나 비싸 살 수가 없었다.

하는 수 없이 마틸드는 목걸이를 빌리기 위해 친구를 찾아갔다. 간곡한 부탁하자, 친구는 진주 목걸이를 빌려주었다.

무도회 날, 마틸드은 참으로 아름다웠다. 마치 하늘에서 내려온 천사와도 같았다. 특히 사람들은 마틸드의 진주 목걸이를 보고 부러워했다. 무도회는 참으로 즐거웠다. 무도회가 끝나고 집으로 돌아온 둘은 깜짝 놀라고 말았다.

"여보, 어떡해요? 진주 목걸이가 없어졌어요."

"뭐? 정말이야? 이 일을 어쩌지?"

남편은 빚을 내어 그 비싼 진주 목걸이를 샀다. 그리고 진주 목걸이를 주인에게 건네주었다. 남편과 마틸드는 그 빚을 갚기 위해 10년 동안 힘들게 생활했다. 마틸드는 가정부 일까지 했다. 우연히 산책길에서 마틸드는 목걸이를 빌려준 친구를 만났다. 친구는 그동안 고생으로 지쳐 있는 마틸드를 보고 크게 놀랐다.

"마틸드, 네 모습이 왜 이 모양이니?"

마틸드는 그간 돈을 갚기 위해 고생한 이야기를 해주었다. 그러자 친구는 놀라며 말했다.

"마틸드, 왜 그때 말하지 않았니? 십 년 전 너에게 빌려준 목걸이는 가짜 진주 목걸이였어."

친구의 말을 들은 마틸드는 그 순간, 그 자리에 주저앉고 말았다.

우리는 진짜 보물이 뭔지도 모르고 가짜 보물을 위해 인생의 대부분을 허비하며 사는지도 모른다. 내 안에 보물이 있는데 괜히 다른 곳에서 찾으려 한다면 그것만큼 어리석은 일도 없다.

가치는 스스로 만드는 것이다

바이올린 하나가 경매에 부쳐졌다. 아주 낡고 보잘것없는 바이올린, 그 누구도 그 바이올린에 관심이 없었다. 그런데 갑자기 꽤 유명한 바이올리니스트가 나오더니 그 바이올린으로 연주를 하였다. 사람들은 감동을 받았고 박수를 아끼지 않았다. 다시 그 바이올린이 경매에 붙여졌다. 결국, 아주 비싼 값에 낙찰이 되었다.

똑같은 바이올린인데도 그 가치가 달라진다. 가치를 높이는 건 그 물건 자체일 수도 있지만 사람일 수도 있는 것이다.

또 하나의 바이올린이 경매에 부쳐졌다.

전 세계적으로 두 개밖에 없는 최고로 오래된 바이올린이었다.

치열한 경쟁 끝에 한 사람에게 수억 원에 낙찰되었다. 그런데 갑자기 그 사람은 그 바이올린을 망치로 마구 때리기 시작했다. 결국, 바이올린은 다 망가지고 말았다.

사람들은 그의 행동을 보고 다들 놀랐다.

"미친 사람 아니야?"

"저렇게 비싼 걸 왜 부수지?"

"돈 많다고 자랑하는 거야?"

잠시 뒤, 그 사람은 등 뒤에서 또 다른 바이올린을 꺼내며 말했다.

"이제 이 바이올린은 세상에서 단 하나뿐입니다. 이 바이올린 가격이 지금보다 몇 배는 더 되겠죠?"

세상에서 유일한 것들은 가치가 그만큼 높다. 남들과 같은 것, 남들과 비슷한 것 말고 오직 하나만 있는 것의 가치가 더욱 빛난다.

이 세상에 못난 사람은 아무도 없다. 길섶에 핀 들꽃도 백사장의 모래 알갱이도 나름대로의 가치가 있다. 또한 유일한 존재이다. 당신 역시, 이 세상에 하나다. 쌍둥이일지라도 그건 서로 비슷할 뿐이지 당신이 아니다. 남보다 가진 돈이 많지 않아도 남보다 뛰어난 능력이 있지 않아도 남보다 높은 지위에 있지 않아도 남보다 멋지게 생기지 않아도 어느 자리이건 누구를 만나건 기죽거나 주눅 들 필요가 없다.

나에게 가장 소중한 보물은 무엇인지 우리는 인생을 걸고 찾아야 한다. 내가 가진 재주는 뭐고 내가 아끼고 사랑할 사람은 누구이며 내가 이루고자 하는 꿈은 무엇인가를 발견해야 한다. 그리고 누가 뭐래도 가장 중요한 것은 바로 나 자신임을 잊지 말아야 한다. 자신을 함부로 굴리지 않는 것, 자신을 무작정 괴롭히지 않는 것, 그게 최우선이며 최고의 가치를 끌어내는 출발점이다.

당신이 내뿜고자 한다면 폭풍우 속에서도 그 빛은 꺼지지 않을 것이요, 심해 속에서도 그 빛이 흔들리지 않을 것이요, 태양 앞에서도 그 빛이 퇴색되지 않을 것이다. 최고의 가치로 살아라. 당신은 당신이라는 이유만으로도 충분히 아름답고 빛나는 가치이기 때문이다.

가치는 스스로 만드는 것이다.

미국의 시인 롱 펠로가 문득 떠오르는 시상이 있어 휴지조각에 그 시상을 적어놓았다. 훗날, 그 시상을 적어놓은 휴지조각이 자그마치 6,000달러에 팔렸다. 휴지조각이 그렇게 비싼 가격에 팔릴 수 있었던 건 위대한 시인의 문학성과 영혼이 깃들여 있기 때문이다.

나 자신을 최고의 브랜드로 만들자

요즘은 회사나 상품만의 브랜드 시대가 아니다. 개인의 브랜드화 시대다. 치열한 경쟁 사회에서 살아남기 위해선 다른 사람들과 똑같은 방식으로는 앞서나갈 수 없다. 치열한 경쟁 시대에 자기만의 브랜드를 만들어야 한다.

자기 브랜드를 만든다는 건 자신의 가치를 발견한다는 의미일 것이다. 자기 브랜드 가치를 높이기 위해서는 일단 자신의 실체를 있는 그대로 인정해야 한다.

나를 알면 남을 알고 세상을 알 수 있다. 자기의 단점은 무엇이 며 한계는 어디까지인지 스스로 살펴봐야 한다. 자존심만 내세우지 말고 객관적인 나, 현재의 내 위치에 대해 알아야 한다.

나이키 창업자 필 나이트는 학창시절에 단거리 달리기 선수였다. 매번 동료 선수들과 시합을 했지만 그리 좋은 성적을 내지 못했다. 연습을 한다곤 했지만 역부족이었다. 자존심도 상하고 절망 감도 깊어졌다.

어느 깊은 밤, 거울을 바라보며 그는 자신에게 말했다.

"그래, 인정할 건 인정하자. 자존심이 상하지만 내 역량으로는 도저히 프로 선수가 될 수 없어. 이쯤 하고 다른 길을 찾아보자."

그 뒤로 그는 육상을 그만두고 새로운 길을 모색했다. 분명 육상 이 아닌 다른 분야에서 빛을 발할 것이라는 강한 믿음을 가졌다. 그는 선수 때 불편한 운동화를 신었던 경험을 바탕으로 편한 운동 화를 만들기로 맘먹고 작은 공장을 차렸다. 새로 만든 운동화를 트 럭에 싣고 이곳저곳을 돌아다니면 팔기 시작했다. 그것이 바로 세 계적인 운동화 브랜드인 나이키의 탄생이었다.

자신이 누구이며 현재의 위치가 어디이며 내 미래는 어디를 향하고 있는지를 먼저 파악하는 것이 자신의 가치를 높이는 첫 번째 작업일 것이다. 그것이 파악이 되면 다음 단계로 자신이 가장 잘할 수 있는 것, 미치도록 하고 싶은 것을 찾으면 된다.

빛나는 그 순간까지 자신의 일에 집중하자

많은 능력이 있지만 딱히 두각을 나타내지 못하는 사람이 종종 있다. 그런 사람들은 안타깝게도 너무 많은 능력이 오히려 장애가 된 것이다. 빛을 여러 군데로 발산하기 때문이다.

어릴 때, 돋보기를 이용해 한 곳에 초점을 맞춰 태양열로 종이를 태워본 적이 있을 것이다. 빛은 모을수록 더 강해지고 멀리 발산할 수 있다.

자기 자신의 장점을 찾고 그것을 그 누구도 범접할 수 없는 최고의 것으로 특화시켜야 한다. 한 가지의 장점이 두각을 나타내면 자신도 모르게 더 많은 장점이 발견되고 그것 또한 제몫을 하게 된다.

사람들은 '컴퓨터의 황제' 하면 빌 게이츠를 떠올린다. 또 '투자의 귀재' 하면 워렌 버핏, '경영의 귀재' 하면 잭 웰치, '토크쇼의 여왕' 하면 오프라 윈프리를 떠올린다.

훗날, 자기 이름 앞에 어떤 수식어를 붙일지는 오직 자신만이 알고 있다. 나 자신을 사랑하고 미워하고 또한 가능성을 발견하고 믿고 따르는 것은 그 누구보다도 자기 자신이 가장 잘 알기 때문이다.

분명 자기만의 길이 있기 마련이다. 자기의 가치를 발견하고 그

가치의 첫발을 내딛는 자가 되어야 한다. 물론 그 길이 평탄대로는 아닐 것이다. 자갈밭길일 수도 있고 진흙탕길이나 늪일 수도, 험한 계곡이 즐비한 산길일 수도 있다. 아무도 지친 당신에게 손을 내밀지 않을 수도 있고 가다가 상처를 입고 큰 위험에 빠질 수도 있다. 그렇다고 그 자리에 주저앉아서는 안 된다.

모든 것은 처음엔 미약했다. 그러나 계속해서 전진하고 미래를 상상하며 참았기에 위대함의 끝에 도달할 수 있는 것이다. 고개를 들어 저 태양을 보고 저 바다를 보고 저 미래를 봐라. 자기 이름 석 자 앞에 성공과 행복이라는 수식어 달기를 간절히 갈망하며 도전한다면 분명 그 인생은 진짜 자신의 삶이요, 아름답게 빛나는 다이아몬드와 같은 삶일 것이다.

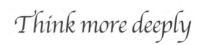

Think more deeply

　농구 선수와 감독으로 활약하며 경이적인 대기록을 세운 미국의 신화적 인물 '존 우든.' 그가 이끈 전설적인 UCLA 농구팀은 12년 동안 88연승이라는 대기록을 세웠다. 그가 자신을 최고로 만드는 방법 7가지를 제시했다.

자신을 최고로 만드는 7가지 방법

1. 자신에게 진실하라.
2. 매일 매일을 중요하게 여겨라.
3. 다른 사람들을 도와라.
4. 좋은 책을 정독하라.
5. 우정은 예술처럼 만들어진다. 자신의 우정을 창조하라.
6. 비 오는 날을 위해 피난처를 만들어라.
7. 삶을 기쁘게 받아들이고 자신이 받은 축복을 생각하고 감사하라.

03 목숨의 법칙 :
두 번 없는 한 번이기에 불꽃처럼 치열하게 살아라

자아의 신화를 이루어내는 것이야말로
이 세상 모든 사람들에게 부과된 유일한 의무지.
자네가 무언가를 간절히 원할 때 온 우주는
자네의 소망이 실현되도록 도와준다네.

_파울로 코엘료《연금술사》중에서

사각의 링, 치열한 자만 살아남는다

모든 일이 그렇겠지만 카피라이터로 일하면서 나는 스트레스를
무척이나 많이 받았다. 그 누구도 만족할 만한 한 줄의 카피를 뽑
아내기 위해 수십, 수백 시간 동안 괴로워했고 셀 수도 없는 많은
양의 파지를 생산해냈다. 그런 노력이 칭찬으로 끝나면 좋을 테지
만 칭찬은 하늘에서 별 따기다. 윗사람에게 혼나는 게 일이었다.

윗사람은 내 카피를 보자마자 이걸 카피라고 써 왔냐며 내 마음을 끌로 긁어내렸다. 그 순간은 정말이지 더 이상 못해 먹겠다고 소리라도 꽥꽥 지르고 싶지만 그러나 그럴 수 없다. 정말로 죽여주는 카피를 쓰지 못한 내 책임이 가장 크기 때문이다. 그렇다고 윗사람을 미워하거나 원망한 적은 없다. 베스트를 뽑아내기 위한 과정이기에 그 정도는 감수해야 한다는 걸 잘 안다.

어쩌다 한 번쯤은 마음속에 따사로운 봄볕이 드리울 때가 있다. 그건 바로 내 머릿속에서 나온 아이디어가 TV-CF로 만들어지거나 신문광고에 대문짝만 하게 나오는 순간이다. 그간에 겪었던 모든 스트레스를 한 방에 날리는 짜릿한 순간이다.

사람마다 제각기 스트레스를 푸는 방법이 있을 것이다. 나는 스트레스가 쌓이는 날에는 어김없이 케이블 TV에서 하는 이종격투기를 시청한다. 소파에 옆으로 길게 누워 땅콩을 주워 먹으며 보는 편안한 여유, 참으로 즐겁다. 그러나 점점 이종격투기에 빠져들수록 마음의 여유는 온데간데없고 그 마음의 자리를 흥분과 탄성이 차지한다. 경기가 무르익을수록 나도 모르게 격해진다. 우리 편 선수가 상대 선수에게 무참히 당하고만 있을 때면 너무나 속상해 한숨을 내쉬며 무의식적으로 육두문자까지 나오고 만다.

"그래, 그거야! 진작 그랬어야지."

우리 편 선수가 상대 선수에게 하이킥을 제대로 한 방 먹이면 내

발도 어느새 허공을 향한다. 그러다가 다시 우리 편 선수가 상대편의 강편치에 맞았을 때는 덩달아 내 온몸이 아려온다. 잠시 선수들이 자기 코너로 돌아가 쉬면서 다음 라운드를 준비하는 동안 그때야 비로소 나도 잠시 잃었던 안정을 되찾는다.

그 경기를 보면서 어느새 스트레스는 단번에 싹, 날아갔다. 그것뿐이 아니라 깨우침의 편린들도 빠르게 뇌리에 스친다.

'그래, 링 위에서 만큼은 치열하게 싸워라. 봐주지 마라. 괜히 봐줬다가는 큰 코 다칠라. 싸움을 시작했으면 일단 온힘을 다해 싸워라. 인정사정 볼 것 없다. 치열한 자만이 승리할 수 있다.'

그 날 밤, 맥주 한 캔을 마시며 혼자서 이런 생각을 했다.

만약, 내가 링 위에 올라갔다면 과연 나는 저 선수들처럼 치열할수 있었을까? 지금 나도 세상이라는 사각의 링 위에서 치열하게 살고 있는가, 지난날을 되돌아보게 된다. 그리 만만치 않은 인생이라는 괴물이 거칠게 휘두르는 하이킥 앞에서 혹여, 우물쭈물하다가 KO패를 당하고 마는 건 아닌지……

우리는 살아왔던 날을 점검하고 살아갈 날을 야무지고 단단하게 재무장해야 한다.

치열하게 산 자만이 진정한 인생의 승리자다

치열한 삶을 사는 사람들은 우리 주위에 참으로 많다. 그 많은 사람들 중에 나는 영화배우 실베스터 스탤론을 주목한다. 그는 환갑이 다 된 나이인데도 람보 시리즈의 완결 편인 〈람보 4〉와 록키 시리즈의 완결편인 〈록키 발보아〉를 주연배우도 모자라 감독까지 맡았다. 두 편 다 흥행이나 재미 면에서 전편을 따라잡진 못했지만 그래도 나름대로 작품성은 있었고 특히 실베스터 스탤론의 열정을 느끼기엔 충분했다. 영화 속 록키의 대사가 인상적이었다.

록키가 다시 링에 서겠다고 다짐을 한다. 그러나 아들은 그를 말린다. 록키는 말리는 아들에게 진지한 표정으로 말한다.

"아들아, 넌 진정한 너로 거듭나는 것을 멈춰서는 안 돼. 네 스스로가 사람들이 '넌 형편없어'라고 말하며 손가락질하도록 만드는 건 아니니? 일이 잘못 될 때마다, 무언가 비난하고 탓할 거리를 찾는 건 옳지가 않아. 그건 음지 인생이야. 너도 알고 있겠지만 내가 얘기를 좀 해줄까? 이 세상은 결코 따스한 햇살과 무지개로만 채워져 있지 않아. 온갖 추악한 인간사와 더러운 세상만사가 공존하는 곳이지. 그렇다고 세상을 거칠게 살라는 건 아니다. 그런 태도는 자신의 영혼을 갉아먹을 뿐이니깐. 하지만, 너와 나, 그리고 그 누구도 아닌 사람들……. 세상을 힘껏 살아가야 돼. 네가 얼마나 성공적으로 사느냐가 아니라 네가 얼마나 삶을 치열하게 살아가느냐가 중요한 거야. 조금씩 앞으로 전진하면서, 그러면서 하나씩 얻어나가는 거야.

계속 전진하면서 말이야. 그게 바로 진정한 승리야. 넌 옳지 않은 태도로도 세상을 계속 살아갈 수가 있어. 하지만 네가 정말 치열하게 살아볼 의지가 있다면······."

이 영화 속 록키는 아들에게 말하고 있지만 어쩌면 실베스터 스탤론 자신에게 말하는 건지도 모른다. 승리는 중요하지 않다. 다만 얼마나 치열하게 살았느냐가 중요한 것이다. 모두 다 물러설 때, 마지막까지 버티고 한발 더 내디딜 수 있는 마음, 그 의지를 우리는 배워야 한다.

불가능을 가능으로 바꾸는 힘, 열정

치열하고 열정적인 삶을 살아가고 있는 사람들 중에 빼놓을 수 없는 인물이 있다. 바로 안철수다. 온화하고 부드럽게 생긴 것과는 달리 그는 매우 뜨겁다.

의대생이었던 그는 전공 공부에 매진한다 해도 턱없이 부족할 시간에 컴퓨터 공부를 병행했다. 새벽 3시까지는 전공 공부를 그리고 3시부터 동틀 무렵까지는 컴퓨터 공부를 했다. 그렇게 무려 7년 동안을 공부했다. 체력적 한계에 부딪혔지만 오직 열정이라는 강력한 정신력으로 버텨냈다. 열정은 배신하지 않는다. 결국, 그는 박사 학위도 따고 컴퓨터 바이러스 백신 개발도 해냈다. 열정은 불가능하게 보이는 일도 가능하게 만들곤 한다. 열정 안에는 초인적인 능력이 숨겨져 있기 때문이다.

누구나 한 번쯤은 열정적으로 살았던 기억이 있을 것이다. 그러나 중요한 건 즉흥적인 열정이냐 아니면 지속적인 열정이냐다. 열정의 지속 시간이 길어야 한다는 것이다. 하루의 열정으로 끝날 것인가 아니면 한 달의 열정으로 끝날 것인가, 아니면 매 순간 목숨이 다 하는 그 순간까지 열정을 되새기고 되풀이하고 놓치지 않느냐가 인생의 차이, 사람의 차이, 꿈의 차이를 만든다. 스스로 묻고 반성해야 할 것이다. 나의 열정은 즉흥적이지 않았나, 하고 말이다.

어떤 일에 목숨을 바칠 만큼 치열한 적이 있었는가!

세계적인 피아니스트가 있었다. 그의 현란한 피아노 솜씨에 다들 감탄을 감추지 못했다. 그처럼 피아니스트가 되고 싶어 하는 수많은 예비 피아니스트들이 그에게 찾아와 물었다.

"어떻게 하면 선생님처럼 될 수 있습니까?"

그러자 그는 손가락으로 벽을 가리켰다. 그 벽엔 종이가 붙어 있었고 그 종이엔 이렇게 적혀 있었다.

목숨 걸고 연주하라.

성공한 사람들은 하나같이 자기가 하는 일에 치열하다. 다시 말해서 죽자 사자 그 일에 모든 걸 건다. 사실, 그 정도가 아니어도 성공할 수 있다면 누구나 다 성공했을 것이다.

가난한 농부의 아들로 태어나 최고 재벌 자리에 오른 정주영 회장. 그는 이 세상 사람이 아니지만 그의 신화는 여전히 사람들의 말과 마음속에 살아 있다. 가진 것 없지만 성공을 꿈꾸는 젊은이들에게 희망의 존재이고 비록 실패의 고통을 겪었지만 다시 또 일어나 시도하려는 젊은이에게 큰 위로가 되고 의지가 되는 존재이다.

어느 날, 그는 자기가 살아온 날들을 회상하며 이런 말을 했다.

"나는 무슨 일이든 그냥 한 적이 없다. 모든 일에 목숨 걸고 했다."

그게 바로 그의 힘이고 성공 포인트다.

우리나라를 철강 대국으로 이끈 포스코의 박태준 명예회장도 정주영과 닮았다. 그는 민족의 숙원인 제철소 건설을 위해 첫 삽을 뜰 당시, 결의에 찬 강직한 표정으로 직원들에게 뜨겁게 외쳤다.

"실패하면 조상에게 죄를 짓는 것이니, 목숨 걸고 일합시다. 실패하면 우리 모두 '우향 우' 해서 영일만 바다에 빠져 죽을 각오를 합시다. 할 수 있겠습니까?"

목숨을 건다는 건 그만큼 성공할 확률이 높다. 아주 작은 일도, 큰일도 한순간 방심하면 모든 것이 물거품이 되고 만다. 그러나 목숨을 걸면 상황이 달라진다. 목숨을 건 일 외에는 아무것도 보이지 않는다. 그러하기에 그 일에 몰두할 수 있고 다른 대안이 없기에 그 일에 열정을 쏟게 되고 일분일초가 간절할 것이다. 목숨을 거는 순간, 이미 그 일은 이룬 거나 다름없다.

대한민국 대표 앵커 김주하는 한 강연회에서 이렇게 말했다.

"열심히 최선을 다해 노력하면 된다고 말하고 싶지만 현실은 그렇지 않다. 다행히 내가 운이 좋았던 것은 내가 하고 싶었던 일이 내가 할 수 있는 일이었기 때문이다. 먼저 내가 할 수 있는 것인지를 먼저 알아보고 그것이 내가 하고 싶고 할 수 있는 일이 맞는다면 목숨을 내걸고 매달려야 한다."

자장면 먹을 때, 하나 남은 단무지를 절대 놓치지 마라
민중가요 〈바쳐야 한다〉 노랫말이 있다

사랑을 하려거든 목숨 바쳐라
사랑은 그럴 때 아름다워라
술 마시고 싶은 때는 한번쯤은
목숨을 내걸고 마셔보아라
……
……
……
구차한 목숨으로 사랑을 못해
사랑은 그렇게 쉽지 않아라
두려움에 떨면 술도 못 마셔
그렇게 마신 술에 내가 죽는다

그 누구보다도 더 간절하라! 그 누구보다도 더 갈망하라! 그럼, 맨 앞에 설 수 있고 가장 위에 오를 수 있을 것이다. 매사에 목숨을 건다는 게 때론 숨 막히고 너무나 감정이 건조해진다고 느껴질 수도 있다. 그러나 어쩔 수 없다. 목숨을 건 자가 승리한다는 건 변치 않는 진리다.

그렇다면 치열한 삶을 살기 위해선 무엇이 필요할까? 아주 많은 방법이 있겠지만 내 생각엔 두 가지면 충분하다고 본다. 하고자 하는 의지와 열정이 있어야 하고, 늘 자신을 자극하는 내적·외적 자극이 있어야 할 것이다. 그 두 가지가 바로 목표와 라이벌이다.

첫 번째, 목표도 없이 계획도 없이 치열할 수는 없다. 내가 왜 이일을 해야 하는지도 모르면서 날뛴다면 그건 미친 사람에 불과하다. 정확한 목표가 있어야 쓰러져도 다시 일어날 이유가 생기는 것이고 견딜 수 있는 힘이 생기는 것이다.

두 번째, 혼자는 재미없다. 물론 혼자서 여행도 다니고 잘 노는 사람도 있겠지만 그것도 하루 이틀이지 좀 지나면 지겹고 사람이 그리워지기 마련이다. 그러니 여럿과 함께해야 한다. 그렇다고 불특정 다수의 무리와 어울리라는 것이 아니다. 시기하고 질투하고 경쟁해야 할 라이벌을 정해놓고 그와 어울려라. 나보다 못하는 사람과 어울리기보다는 나보다 잘나가고 잘난 사람과 함께 어울려야 한다. 그래야 자극을 받고 부족한 지금의 나를 벗어나려는 의지가 새록새록 돋아나 결국 그를 닮아가게 되고 그를 능가하는 사람이 될 것이다.

인생은 누구에게나 한 번밖에 주어지지 않는다. 그러하기에 더욱 소중하다. 한 번의 기회라는 우리의 인생! 제대로 미쳐야 한다. 미쳐야 미친다라는 말도 있지 않은가.

에디슨은 전기에 미쳤고, 파브르는 곤충에 미쳤고, 포드는 자동차에 미쳤으며, 라이트 형제는 비행기에 미쳤다. 미쳤기에 그들은 자기 분야에서 최고가 될 수 있었고 지금까지 역사에 살아남을 수 있었다.

최고의 도자기가 탄생하기 위해선 도자기는 자신의 몸을 1250도로 만들어야 한다. 그 온도에 이르러야 흙 속에 있던 유리질들이 녹아 밖으로 흘러나오고 드디어 도자기는 아름다운 빛을 발하게 된다. 자신 안에서 뜨겁게 타올라야만이 최고의 내가 될 수 있다. 지금 내 삶의 온도는 몇 도인지 점검을 해야 한다.

아주 작은 것부터 시작하자.

하나 남은 마지막 세일 상품을 사람들의 틈 사이를 비집고 들어가 반드시 거머쥐자. 자장면을 먹다가 마지막 남은 단무지에 목숨 걸자. 야근하면서 사다리 타기로 떡볶이나 튀김 내기 할 때 눈을 부릅뜨고 덤비자. 스포츠 경기를 구경할 때 목이 터져라 응원하고 핏대 세우며 소리치자. 이처럼 작은 것에도 매순간 치열함을 잃지 않는 자, 그리고 그 마음을 지속하는 자가 된다면 그 사람은 분명 내일이 달라질 것이다. 그 사람이 누구겠는가? 바로 당신의 모습 이다.

평생토록 열정적으로 사는 게 가능할까? 기나긴 인생을 내내 열정적으로 산다는 게 그리 쉬운 일이 아니다. 그러나 멀리만 보지 말고 바로 눈앞을 보라. 기나긴 인생도 결국 하루하루가 모여 이루어지는 법이다. 오늘 하루, 지금 이 순간을 열정적으로 살면 자연스럽게 전 인생을 열정적으로 살 수 있는 것이다.

오늘 하루를 열정적으로 사는 방법

1. 눈을 뜨자마자 거울 속 자신에게 오늘만큼은 '할 수 있다.'라고 말하자.
2. 엘리베이터에서 만나는 사람에게 오늘만큼은 '안녕하세요.'라고 먼저 인사를 건네자.
3. 남이 자기의 귀를 깨문다 해도 흔들리지 말고 오늘만큼은 자기 일에 집중하자.
4. 궁금한 게 있으면 참지 말고 질문하고 오늘만큼은 유익한 것 하나를 배워보자.
5. 시간 없고 귀찮고 싫어도 땀이 온몸에 줄줄줄 흐를 때까지 오늘만큼은 운동해보자.
6. '아니오' '싫어요' '못해요' 대신 무조건 '예'라고 오늘만큼은 대답해보자.
7. 늘 자신 곁에서 힘이 되어준 사람에게 오늘만큼은 '사랑한다'라고 말해보자.

8. 자기 전에 하루의 일과를 정리하고 오늘만큼은 내일 할 일을 미리 계획해보자.

9. 위의 아홉 개를 반드시 실천하고 내일도 똑같이 실천해보자.

04 장인정신의 법칙 :
하는 일에 혼을 담아라, 그러면 결국 알아준다

최고가 되려면 미치는 수밖에는 다른 길이 없다.
일에 미친 사람은 결코 눈앞의 작은 이윤에
연연하지 않는다. 그에게는 오로지 자기 분야에서
최고가 되겠다는 의지만이 있을 뿐이다.

_성신제의《나는 50에 꿈을 토핑한다》중에서

영혼의 값을 아는 사람이 소중하다

아버지는 여러 가지 직업을 가지고 계셨다. 처음엔 인쇄소를 그
다음엔 헌책방을, 한때는 신발가게도 하셨다. 여러 번 가게의 간판
을 변경했지만 수입 면에서는 그리 재미를 보지 못했다. 하기야 뭐
한 가지만이라도 잘 되었다면 그걸로 쭉 가셨겠지, 다른 걸로 바꾸
지도 않았을 것이다.

여러 번 가게의 간판을 바꿔가면서도 줄곧 해오던 일이 하나 있었다. 인쇄소 기계 소리가 시끄럽게 돌아가는 곳에서도, 헌책이 먼지와 함께 수북이 쌓인 공간에서도, 알록달록 신발이 진열된 곳에서도 아버지는 도장 파는 일을 하셨다. 하나라도 더 벌어야 하는 상황이기에 두 가지 일을 하셨던 거다. 요즘 말로 '투잡족'인 셈이다. 그렇게 해서 자식들 가르치고 시집, 장가보냈다.

나의 첫 책이 세상에 나오던 날, 아버지께서 내 이름이 박힌 도장을 불쑥 내미셨다. 예전에도 내 도장을 파주셨기 때문에 대수롭지 않게 받았다. 그런데 아버지께서는 진지한 표정으로 말씀하셨다.

"혼을 담아서 팠다. 잘 쓰거라."

혼魂을 담았다는 말씀에 나는 순간, 당황해 눈을 깜박였다. 다소 감동을 받기는 했지만 왠지 모르게 마음속 깊이 웃음이 나왔다. 결코 비웃음은 아니었고 다만 그냥 웃음이 나왔다. 가까스로 나는 웃음을 참고 아버지께 물었다.

"도장은 언제부터 파셨어요?"

"언제였더라, 그러니까 열일곱 살 때부터 시작했지."

아버지는 열일곱 살 때부터 도장집에서 일하면서 어깨너머로 도장 파는 기술을 배웠다고 했다. 그렇게 시작해서 일흔이 넘은 지금까지 한평생 동안 도장을 파셨다. 이제는 나이가 들어 눈이 침침해 예전만큼 잘 팔 순 없지만 그래도 눈이 희미해지기 전까지는 그 일을 계속하신다고 한다.

53

예전에는 느끼지 못했는데 요즘은 도장 파시는 아버지의 모습이 참으로 아름답게 보인다. 아니, 아름다운 정도로 그치지 않는다. 왠지 모를 경외감 내지 숭고함이 느껴진다. 과감하면서도 섬세한 손놀림, 한 칼 한 칼 집중을 다해 정성을 담은 칼끝, 도장 파는 일은 장사가 아니라 예술의 한 장르가 아닐까, 하는 생각도 하게 된다.

지금은 기계가 사람의 손기술을 능가하는 시대다. 도장 파는 기계도 나왔다. 기계는 반듯반듯 정확하게 도장을 잘 판다. 그 기계를 도입했다면 아버지는 좀 쉽게 도장을 팠을 것이고 또한 수입 면에서도 괜찮았을 것이다. 그러나 아버지는 끝까지 기계를 거부하고 오직 손으로 도장을 조각했다. 평생토록 직접 손으로 해왔던 일, 그 일에 대한 애착 내지는 고집이 기계를 거부한 이유일 것이다. 그런 아버지를 통해 장인정신을 배운다면 무리인 걸까? 분명 아닐 것이다.

수제품이 비싼 이유가 있다. 그건 기계가 만든 것보다 제품이 훌륭해서가 아니다. 어쩌면 기계로 만든 제품이 더 나을 수도 있다. 그러나 수제품을 높게 평가하는 이유는 그 안에 깃든 영혼의 값을 더하기 때문이리라.

잔재주를 부리면 끝이야, 끝!

TV-CF는 15초 예술이며 전쟁이다. 그 짧은 시간에 제품 소개는 물론 소비자의 마음을 사로잡아야 하기 때문이다. 카피라이터로 살면서 기쁜 일 중에 하나는 꽤 괜찮은 컨셉트를 발견했을 때다.

장인정신을 멋진 카피로 승화한 게 있다. 그 광고는 보면 볼수록 흡인력이 있다. 그건 바로 한국투자증권의 TV-CF다.

'한국의 명장' 시리즈인데 우리나라의 전통 기술을 보유한 명장들을 통해 자연스럽게 자사의 브랜드 가치를 높였다. 이미 TV에서 봤던 사람들이 있겠지만 간단히 소개하고자 한다.

1차 시리즈로 전통 궁궐과 한옥을 재현해내기 위해 평생 외길을 걸어온 대목장 최기영 명장의 꿋꿋한 삶을 보여준다. 그의 대사를 통해 그의 원칙과 고집 그리고 장인정신을 엿볼 수 있다.

"이 사람아, 이음새 하나가 천 년을 결정하는겨! 이거 아니면 죽는다는 마음으로 하는 게지."

이어 2차 시리즈는 한국 전통 범종을 재현해내는 데 평생을 바친 주철장 원광식 명장이다. 역시 이번에도 한길만을 고수해 오는 장인의 감동적인 삶을 있는 그대로 보여준다. 그리고 생생한 그의 음성으로 또 한 번의 장인정신을 느끼게 한다.

"이 사람아! 혼을 담아야 천 년의 소리가 나오는 거야. 잔재주 부리면 끝이야, 끝!"

명품이 따로 있는 게 아니다. 자신의 혼과 열정을 바쳐 만든다면 그것이 곧 명품이고 세계 어느 시장에 내놓아도 뒤지지 않는 경쟁력을 갖출 수 있고 또한 본인 자신도 명품 인생이 되는 게 아닐까.

주어진 삶에 적응한다는 건 도전에 대한 모독이다

예전에 등산 브랜드 신문 광고를 맡았다. 윗사람과 광고주와 소비자를 모두 만족시키는 카피를 쓴다는 건 힘든 일이다. 내 나름대로 이 정도면 괜찮겠지 하고 사람들에게 보여주면 돌아오는 건 불만 가득한 표정들이다. 처음에는 자존심도 상하고 기분이 나쁘지만 나중에는 결국 나 자신에게 화가 난다. 한계에 도달한 것 같기도 하고 또한 연차가 좀 되다 보니 대충대충 하려는 내 마음이 부끄럽기도 하다.

"그래, 써질 때까지 쓰자."

그렇게 해서 쓴 카피가 바로 '주어진 삶에 적응한다는 건 도전에 대한 모독이다.'라는 카피다. 이 카피가 꼭 산의 정상을 향해 오르는 산악인에게만 적용되는 카피가 아닐 것이다. 어쩌면 나 자신에 대한 반성에서 나온 카피이며 우리 자신에게 던지는 채찍과도 같은 것이다. 마침내 내가 쓴 카피는 모든 관계자로부터 OK라는 말을 들었다.

"그래, 이제야 좀 혼이 담긴 것 같군."

사실, 그 카피가 대단히 잘 써서 OK를 한 게 아닐 것이다. 얼렁

뚱땅 쓰지 말고 신중히, 가슴으로 카피를 쓰라는 선배들의 충고였을 것이다.

그러고 보니 지난날을 반성하게 된다. 그동안 나는 그저 손가락에서 만들어낸 카피만 쓴 것 같다. 정말로 이제까지 수백, 수천 개의 카피를 썼지만 그 많은 카피 중에 진정으로 내가 발견한 카피, 내가 찾아낸 카피, 내가 창조한 카피가 몇 개나 될까 하는 반성을 하게 된다. 또한 나는 어떤 일에 맞닥뜨렸을 때 도전하는지, 아니면 도전을 모독하고 있는 건 아닌지, 내게 주어진 일에 혼을 담아내고 있는지, 진정한 명품 인생을 살고 있는지 생각하게 된다.

세월보다 강한 것은 정신이다

명품은 하루아침에 탄생하지 않는다. 긴 세월, 곧은 정신이 응축되어 비로소 탄생하는 것이다.

코냑의 명품인 '루이 13세'도 그렇다. 루이 13세 한 병을 만드는데 100년의 시간이 걸린다고 한다. 그 얼마나 많은 인내와 정성과 노력이 필요하겠는가. 제조부터 숙성까지 100년이란 시간을 그 술에 담아야 하기에 처음으로 제조한 사람은 그 술의 완성을 보지 못하고 세상을 떠난다. 그러기에 얼마나 귀하고 비싸고 위대한 술이겠는가. 그건 단지 술이 아니라 장인정신의 결정체이다. 물론 시간이 많이 들어가야 장인정신이 깃드는 것은 아니다. 아무리 하찮은 일이라도 영혼과 열정을 담는다면 그 일에 장신정신이 깃들 것이다.

일본 가가와 현香川縣에 있는 한 우동 집에서도 장인정신을 찾을 수 있다. 가가와 현에는 신호등보다 우동 집이 더 많다는 말이 있다. 논두렁 한복판에서도 산을 넘고 비좁은 길에서도 우동 집을 만날 수 있다. 그곳에서 '이케가미 제면소製麵所'란 우동가게를 50년간 해 온 한 할머니가 토지소유권 분쟁으로 인해 가게 문을 닫게 되었다. 그러자 주민들은 모두 안타까워했다. 할머니의 면 뽑는 노련한 기술과 손맛을 더 이상 맛볼 수 없었기 때문이다. 만약 그 우동 집이 몇 개월 전에 개업했거나 고작 이삼 년 되었다면 그렇게 주민들이 아쉬워했을까. 결국 주민들은 조금씩 돈을 모아 할머니에게 새로운 우동 집을 마련해주었다. 그리고 할머니의 손맛을 다시 볼 수 있게 되었다. 그 어떤 분쟁보다도 그 어떤 세월보다도 그 어떤 고난보다도 강한 것이 바로 할머니의 장인정신이었던 것이다.

장인정신이란 자기가 하고 있는 일에 전념하거나 한 가지 기술을 전공하여 그 일에 정통하려고 하는 철저한 직업정신을 말한다. 장인이 되기 위해서는 단순한 손기술만으로는 부족하다. 철저한 직업의식과 자신의 철학이 담겨야만 그게 바로 진정한 장인이라 말할 수 있다.

피카소처럼 자신의 일을 사랑하자

모리스 장드롱은 20세기가 낳은 최고의 첼리스트이다. 그는 한 인터뷰에서 첼로를 잘 다루는 비법은 단연코 연습이라고 말했다. 그는 날마다 바흐의 〈무반주 첼로 모음곡〉 전곡을 연습했다. 그런데 더더욱 연습에 몰두하게 된 사건이 있었다. 그건 바로 천재 화가로 알려진 피카소와의 만남이었다. 그는 피카소에게 신선한 충격을 받았다.

어느 날. 장드롱은 피카소를 만났다. 평소 존경하는 화가이기에 피카소의 그림 한 장을 갖고 싶었다. 그래서 그는 용기를 내어 불쑥 말을 건넸다.

"선생님, 제가 선생님께 그림 한 장을 부탁해도 될까요?"

"물론이죠. 어떤 그림을 원하십니까?"

"이왕이면 첼로 그림을 그려주셨으면 합니다. 첼로는 내 인생의 전부이니까요."

"그러죠."

피카소는 미소를 지어 보이며 흔쾌히 허락했다. 그 뒤로 둘은 몇 번을 더 만났다. 그러나 장드롱은 피카소에게 그림은 잘 돼가고 있는지 묻지 않았다. 괜히 실례를 하는 것 같기도 하고 또한 피카소가 그냥 지나가는 말로 그림을 그려주겠다고 한 게 아닌가 하는 생각이 들었기 때문이다.

그 뒤로 십 년이라는 세월이 흘렀다. 둘은 다시 만날 기회가 있었다.

피카소가 불쑥, 그림 한 장을 장드롱에게 내밀었다.

"선생님, 이 그림 받으시죠."

"예? 이게 뭐죠?"

"십 년 전에 선생님께서 첼로를 그려달라고 저에게 부탁하셨잖아요."

"아,아,아. 그랬죠."

이미 그 일을 까맣게 잊고 있던 장드롱은 깜짝 놀랐다.

그림은 참으로 깊고 아름다웠다.

장드롱은 눈을 깜빡거리며 피카소에게 조심스럽게 물었다.

"그런데 왜 이 그림을 이제야 주시나요?"

그러자 피카소는 미소 지으며 말했다.

"첼로를 그려달라는 말을 듣고 저는 날마다 첼로를 그리는 연습을 했습니다. 십 년이 지난 후에야 비로소 내 마음에 드는 첼로를 그릴 수 있었습니다. 그래서 이제야 그림을 드리는 겁니다."

장드롱은 한 장을 그려도 대충대충이 아닌 완벽하게 그리려는 그의 장인정신에 감탄하였다.

누구나 다 장인이 될 순 없지만 그러나 그를 닮기 위해 노력해야 한다. 이 세상에 하찮은 일이란 없다. 또한 하찮은 사람도 없다. 아무리 작은 일이라도 아무리 못난 사람이라도 그 가치를 높이려면

그 일에, 자기 자신의 땀과 열정과 정신을 담아내면 된다. 그렇게
한다면 이 세상에서 가장 강한 경쟁력을 갖출 것이다. 경쟁은 남들
과 하는 게 아니라 결국 나 자신과 하는 것이다.

예전 중학교 국어 교과서에는 윤오영의 수필 〈방망이 깎던 노인〉이 실려 있었다. 그 작품의 일부를 소개한다. 읽으면 읽을수록 단맛이 나고 또한 깨우침도 크다.

인제 다 됐으니 그냥 달라고 해도 통 못 들은 척 대꾸가 없다. 사실 차 시간이 빠듯해왔다. 갑갑하고 지루하고 인제는 초조할 지경이었다.

"더 깎지 않아도 좋으니 그만 주십시오."

라고 했더니, 화를 버럭 내며,

"끓을 만큼 끓어야 밥이 되지, 생쌀이 재촉한다고 밥 되나."

한다. 나도 기가 막혀서,

"살 사람이 좋다는데 무얼 더 깎는다는 말이오? 노인장, 외고집이시구면, 차 시간이 없다니까요."

노인은 퉁명스럽게.

"다른 데 가 사우. 난 안 팔겠소."

하고 내뱉는다. 지금까지 기다리고 있다가 그냥 갈 수도 없고, 차 시간은 어차피 틀린 것 같고 해서, 될 대로 되라고 체념할 수밖에 없었다.

"그럼, 마음대로 깎아보시오."

"글쎄, 재촉을 하면 점점 거칠고 늦어진다니까. 물건이란 제대로 만들어야지, 깎다가 놓치면 되나."

좀 누그러진 말씨다. 이번에는 깎던 것을 숫제 무릎에다 놓고 태연스럽게 곰방대에 담배를 담아 피우고 있지 않은가. 나도 그만 지

Think more deeply

쳐버려 구경꾼이 되고 말았다. 얼마 후에야 방망이를 들고 이리저리
돌려보더니 다 됐다고 내준다. 다 되기는 아까부터 다 돼 있던 방망
이다.

05 빨간 하이힐의 법칙:

아무도 알아주지 않는 그림자로 살지 마라

인생에는 진짜로 여겨지는
가짜 다이아몬드가 수없이 많고,
반대로 알아주지 않는
진짜 다이아몬드 역시 수없이 많다.

_타거 제이

개성 없는 내 모습을 확 바꿔보자 ─ 저 좀 봐주세요!

요즘 MBC 〈무한도전〉이라는 프로그램이 꽤 인기가 많다. 다섯 명의 출연자가 매회 색다른 도전을 하며 좌충우돌하는 모습이 재미를 줄 뿐만 아니라 때론 감동까지도 준다. 그 프로그램이 인기가 있는 이유가 많이 있겠지만 그 중에서도 출연자 다섯 명 모두가 자기만의 개성과 색깔이 뚜렷하다는 것이 큰 몫을 한다.

유재석은 논리적이고 재치 있는 표현으로 리더의 역할을 톡톡히 해내고 있고, 박명수는 버럭버럭 화를 내거나 남에게 호통을 치며 큰 웃음을 주고 있고, 노홍철은 입만 열면 말이 끊이지 않는 수다로 분위기를 한층 업시킨다. 또한 정준하는 다소 어눌한 말투와 명한 표정으로 바보 캐릭터를 잘 소화하고 있고, 정형돈은 특출한 특기나 개인기 없이 그저 개성이 없는 캐릭터, 그것을 오히려 캐릭터화하여 자신의 존재감을 표시하고 있다.

그렇게 각자의 캐릭터가 강하기 때문에 빈번히 재미있는 충돌이 발생한다. 만약 이 다섯 명의 캐릭터가 비슷비슷했다면 이 프로그램은 시청자들의 눈과 귀를 즐겁게 만들지 못했을 것이다. 그러면 결과는 뻔하다. 프로그램은 슬며시 폐지가 되고 그들 또한 시청자들의 기억 속에서 잊혀졌을 것이다.

우리는 무한경쟁 사회에서 살고 있다. 씁쓸한 얘기지만 경쟁에서 지면 뒤처지고 살아가기 힘들다. 어찌 됐든 우리는 살아남아야 한다. 살아남기 위해선 일단 실력을 쌓는 게 중요하다. 실력 못지않게 중요한 건 그 실력을 뽐낼 수 있는 기회를 얻어야 한다. 그렇기 때문에 남에게 주목을 받는 게 중요하다.

당신이 한 회사의 일원이라면 그 회사의 CEO와 관계 유지가 중요하다. 물론 대규모 회사 같은 경우에는 CEO의 얼굴 한 번 마주치는 것도 어려울 것이다. CEO는 회사 전체를 운영해야 하기에 하루 종일 바쁘고 정신이 없다. 일일이 직원을 다 챙길 수도 없을뿐더러 직원의 성격이나 성향, 일에 대한 적극성 등등 모든 것을 파악하기는 힘들다. 그렇다고 그저 드넓은 바다 속의 한 마리 작은 물고기 같은 존재로 살아갈 수만은 없는 노릇 아닌가.

기회주의자라고 손가락질할지 모르지만 CEO의 눈에 띄는 것은 생존전략 중의 하나이다.

생각해보라. 수백 마리의 오리떼 가운데 우아한 한 마리의 백조가 있다면 단연코 시선은 그 백조에게 쏠릴 것이다. 그러나 수백 마리의 백조가 어디선가 나타난다면 시선을 끌었던 그 백조의 존재는 희미해지고 만다. 그 백조가 자신의 존재를 알리기 위해선 분명 전략이 필요할 것이다. 예를 들어, 빨간 페인트 통을 뒤집어쓴다든지 아니면 남보다 더 높이 까치발을 디딘다든지. 비슷비슷한 무리 중에서 자신을 부각시켜야 한다. 지나친 겸손보다는 뻔뻔한 잘난 척도 때론 필요한 것이다.

'앙드레 김 = 하얀 옷' 법칙을 만들어보자

미국의 강철왕 카네기가 어느 날, 학교를 마치고 집으로 돌아가는 길에 한창 공사 중인 현장을 지나가게 되었다. 그곳에서 그는 사장으로 보이는 사람이 사람들을 부리는 모습을 지켜보았다. 사장의 옷차림은 유난히 화려해서 눈에 잘 띄었다.

"여기 짓고 있는 게 뭔가요?"

카네기는 그 사람에게 물었다.

"큰 빌딩을 지을 거란다. 우리 백화점과 다른 회사가 함께 들어설 거야."

그가 말했다.

"커서 아저씨처럼 되려면 어떻게 해야 하지요?"

어린 카네기가 부러워하며 물었다.

"우선 열심히 일해야겠지."

"그건 저도 알아요. 어른들이 그러잖아요. 두 번째는요?"

"빨간색 옷을 입으렴."

총명한 카네기였지만 무슨 말인지 모르겠다는 듯 의아한 표정을 지었다.

"그게 성공과 상관있나요?"

"물론 상관있지."

사장은 손을 뻗어 공사장에서 일하는 사람들을 가리켰다.

"자, 저 아저씨들을 보렴. 모두 내 직원들인데 하나같이 푸른색 계통의 옷을 입고 있어서 난 누가 누군지 분간을 하지 못한단다."

그러고 나서 사장은 한 직원을 가리켰다.

"그런데 저기 빨간 옷을 입은 사람이 보이지? 난 저 사람을 오랫동안 유심히 지켜보았단다. 기술은 다른 사람들보다 별로 뛰어나지 않지만, 그래도 난 유독 저 직원만 눈에 들어오는구나. 그래서 말이지, 며칠 뒤에는 내 조수로 삼을까 한다."

카네기의 일화에서 알 수 있듯 사장의 눈에 띈 직원은 빨간 옷을 통해 자신의 존재감을 알린 것이다.

앙드레 김 얘기를 해보자.

앙드레 김을 생각하면 가장 먼저 떠오르는 것이 무엇인가? 단연 하얀 옷이다. 그는 공식석상에 늘 하얀 옷을 입고 등장한다. 만약에 하얀 옷을 고집하지 않고 다양한 색상의 옷을 입고 나타났다면 '앙드레 김＝하얀 옷' 관계는 사람들의 뇌리에 기억되지 않았을 것이다. 앙드레 김이 전략적으로 하얀 옷만을 입었든 그렇지 않았든 여하튼 앙드레 김은 이미 사람들에게 개성 강하고 자신만의 독특한 세계가 있는 패션 디자이너로 각인되었다.

성공이란 어려운 것 같으면서도 아주 간단하다. 남들과 같지 않고 좀 낯설고 생소하고 독특한 자신만의 아이디어가 돋보일 때, 성공은 성큼 다가와 악수를 청할 것이다. 남들과 다르다는 것은 자신감의 표출이며 새로운 무언가에 도전을 한다는 것이며 또한 살아 있다는 증거이다.

생소하고 낯선 것에서부터 출발하자

요즘은 지방화 시대이다. 그래서 지방 스스로 경쟁력을 갖추기 위해 다양화를 꾀하고 있다. 지역 특산물을 브랜드화하는 한편 지역 축제를 활성화하고 있다.

각 지역마다 축제가 많다. 인제 빙어축제, 태백산 눈축제, 소백

산 철쭉제, 연어축제, 얼음골 사과축제, 함평 나비축제 등등 한번쯤 들어본 축제도 있지만 그다지 알려지지 않은 축제도 있다.

이러한 축제 중에서 함평 나비축제는 꽤 유명하다. 전남 함평 인구는 4만 명밖에 안 된다고 한다. 그런데 이곳을 찾는 관광객은 연간 200만 명가량 된다고 한다. 참으로 놀랍지 않은가. 나비축제라는 이름으로 처음 축제를 열 당시, 참으로 우여곡절이 많았다고 한다. 곤충 연구가 한 명과 군수가 나비축제를 제안했을 때, 군민들의 반응은 시큰둥했다. 너무나 생소하다는 이유였다. 그런데 그들은 그 생소함이 차별화를 꾀할 거라는 자신감이 있었다. 푸른 함평 천지 1,000만 평에 활짝 핀 유채꽃과 꽃잔디 물결 사이로 수만 마리의 나비가 날아 어우러지는 감동의 세계를 펼치자는 것이었다.

많은 사람들의 우려 속에서 축제는 시작되었는데 도시인들에게 삶의 여유를 주고 또한 아이들에게는 나비의 환상적인 날갯짓을 통해 보다 자연을 가깝게 느낄 수 있는 계기를 마련해줘 축제는 대성공을 거두었다.

누구 뭐라고 해도 이 시대는 점점 개성 시대, 자기표현 시대로 흘러갈 것이다. 그러하기에 생존을 위해서라도, 자신의 존재를 알리기 위해서라도 뭔가 달라도 달라야 한다. 때론 기존의 틀에 박힌 통념을 무시하거나 대다수의 사람들이 가는 길의 반대 길을 택해야 한다. 남과 같다면 남과 같은 결과를 얻을 뿐이다. 반대 길은 위험이 따르기 마련이다. 그러나 도전의지와 믿음만 있다면 분명 다른 색깔을 낼 수 있고 좋은 결과를 얻을 수 있다. 요즘 벤치마킹이 유행이다. 성공한 기업이나 사람을 모델로 삼아 그대로 따라 하는 것도 중요하지만 그건 단지 흉내 내는 것에 불과하다. 그러면 성공한 기업이나 사람을 뛰어넘을 수가 없다. 그보다 더 높아지기 위해선 결국 자기만의 색깔을 내야 하는 것이다.

다른 사람들의 시선을 두려워하지 말고 자신 있게 빨간 옷을 입어보자. 오직 당신만의 개성을 표출하라. 그것이 당신을 다른 사람들과 다르게 만든다. 그리고 다른 사람들과 다를 수 있을 때, 당신이 성공할 수 있는 확률은 그만큼 더 높아진다. 그것이 바로 회사가, 사회가 당신을 필요로 하는 이유이기 때문이다.

처음부터 다르고 튀어야 한다

예전에 한 제약회사에서 시행한 문학상에 심사위원으로 위촉된 적이 있었다. 주제는 '눈'에 관한 것이었다. 문학상 공모에 응모한 작품 수는 어린이부, 청소년부, 일반부를 통틀어 대략 300편이 넘었다. 그 많은 작품 중에 옥석을 가려내야 한다는 게 덜컥 겁이 났지만 나름대로의 기준을 정하고 나니 좀 수월했다.

나의 기준은 차별화였다. 대부분 글을 풀어가는 방식이나 서두가 비슷비슷했다. 그러니 읽는 재미가 떨어지고 너무나 당연한 애기로 결말을 맺었다. 그래서 좀 색다르게 서두를 풀어낸 것을 당선권 안에 넣은 적이 있다. 문학성은 기본적으로 갖춰야 하겠지만 정말로 당선권에 들고자 한다면 분명 전략이 필요하다. 내 작품을 뽑을 수밖에 없을 정도의 치밀한 구성과 차별화가 돋보여야 그만큼 유리할 것이다.

이력서 한 장, 자기소개서 한 장 쓰는 것도 대수롭게 생각하면 안 된다.

어떤 마음으로 어떤 전략으로 쓰느냐에 따라 취직의 당락이 결정될 수도 있는 중요한 사항이다. 수백, 수천 장의 이력서 가운데 인사 담당자의 눈에 띄기 위해선 다른 사람들과 같아선 안 된다. 정직하게 있는 그대로를 보여줄 것인가, 아니면 기본 양식에서 좀 벗어나 색다르게 자기를 표현하느냐는 본인의 의사에 달렸다. 그러나 누구나 다 색다른 것에 눈이 가기 마련임을 잊어선 안 된다.

오토다케처럼 개성을 찾아내자

'나에게 과연 개성이 있을까?'

'나에게 개성을 표현할 능력이 있을까?'

이런 고민을 하는 사람도 분명 있을 것이다. 이렇게 생각한다면 오토다케 히로타다를 보라. 그는 베스트셀러 《오체불만족》의 저자이며 현재는 초등학교 선생님으로 근무 중이며 요즘은 스쿠버다이빙까지 즐긴다고 한다. 아는 사람은 다 알겠지만 그는 손과 발이 없이 몸통만을 갖고 태어났다. 그런 몸을 단 한 번도 그는 부끄럽게 생각하지 않았다. 또한 부모님을 원망하지도 않았다. 오히려 감사했다.

"남들과 다른 몸을 주셔서 감사합니다. 굳이 꾸미지 않아도 이미 개성 있는 몸이잖아요."

그는 자신의 치부인 몸에서조차도 개성을 찾아냈다. 그러한 생각과 마음가짐이 얼마나 아름다운가. 이 세상에 똑같은 건 없다. 비슷할진 모르지만 분명 다르다. 자기만의 개성을 발견하고 그것으로 인해 뜰 수 있다면 어쩌면 인생이 더 즐겁고 행복해질지도 모른다.

망설이지 말자. 지금 바로 찾아내고 표현하자. 아무리 찾아도 자기만의 개성을 찾아내지 못했다면 머리 스타일이라도 바꿔보자. 염색이라도 해보자. 그렇게 시작하는 것이다.

창의적이고 개성 강한 행위 예술가 한 빙(Han Bing)

예전에는 행위 예술가를 보면 참으로 신기하고 독특하게 느껴졌다. 이제 행위 예술가가 흔하다 보니 그 어떤 행동을 해도 신선하게 와 닿지 않는다. 그러나 좀 신선하게 다가온 행위 예술가가 있다. 그는 바로 2000년부터 5년 넘게 '배추와의 산책' 퍼포먼스를 하고 있는 괴짜 예술가 한 빙이다.

그는 강아지를 데리고 산책을 하듯 배추 하나를 줄에 묶고 중국의 방방곡곡을 돌아다닌다.

그의 이상한 행동을 보고 사람들은 다들 고개를 갸우뚱거린다.

"왜 배추를 끌고 다니는 거야."

"그러게 말이야. 참 희한한 사람이야."

"혹시, 미친 거 아냐?"

심지어 어떤 사람은 미친 사람을 발견했다고 경찰에 신고까지 했다.

그는 그런 수모까지 겪어가면서 그 행동을 멈추지 않았다. 단 한 번도 미술관을 찾은 적이 없는 수백만 명의 시민들에게 이렇게나마 예술을 체험하게 해주고 싶었던 것이다.

그의 행동에는 목적이 있다. 그는 그 행동을 통해 사람들이 보다 창의적이고 개성 강한 삶을 살았으면 하는 바람에서, 메시지를 전한다고 한다.

2부

나는 특별하다,
고로
나는 존재한다

06 다이어트의 법칙 :
핵심만 남기고 나머지는 다 버려라

우리가 수레바퀴의 몸체를 만들지만
정작 마차를 굴러가게 하는 건
바퀴 중심에 있는 텅 빈 공간이다.
그런 공간이 없으면 수레는 돌아가지 못한다.
우리가 찰흙을 빚어 그릇을 만들지만
그 그릇이 제 구실을 하려면
그릇의 속이 비어야 한다.

_노자

게으름이 낳은 사생아-내 삶의 비만을 날려버리자

예전에 아버님 친구 분 중에 은행에서 경비를 하시는 분이 계셨다. 그 분의 별명은 '지점장'이었다. 왜 그런 별명이 붙게 되었냐면 그분의 풍채가 참 좋았기 때문이다. 배 위에 바가지를 올려놓은 것처럼 불룩 나온 배, 겹겹이 겹쳐진 목살. 그리고 걸음걸이는 조선 시대 양반처럼 느긋느긋한 팔자 걸음이었다. 경비 복장만 아니라면 누가 봐도 영락없이 지점장이다. 그런 일은 없어야겠지만 만약에 은행 강도라도 들이닥친다면 그 뚱뚱한 몸으로 어떻게 위기상황에 대처할까, 심히 걱정이 되기도 한다. 그러나 우려하는 상황은 일어나지 않았고 내가 알기로는 꽤 오래도록 별 탈 없이 근무를 해내셨다.

예전에는 뚱뚱함, 곧 비만이 넉넉한 살림과 부유함을 상징하는 신체적인 코드였다. 사실, 어릴 때 동네 친구 들 중에 집안이 좀 부유했던 친구 녀석은 하루에 우유를 다섯 개씩이나 먹었다. 아침에 일어나자마자 하나 마시고 아침밥을 먹고 또 하나, 점심밥을 먹고 또 하나, 저녁 먹고 난 후 또 하나, 그리고 자기 전에 마지막으로 하나 더 마신다. 그렇게 다섯 개의 우유를 먹어서 그런지 덩치는 또래 아이들보다 훨씬 더 컸다. 그때만 해도 잘살면 체격이 좋다, 라는 공식이 어느 정도 성립되었다.

그러나 세월이 참 많이 흘렀다. 세월이 시대의 사고방식도 바꿔 놓았다. 체격이 중요한 게 아니라 체력을 중요시하는 시대다. 넉넉하고 인자한 인격으로 봤던 뚱배는 이제 어딜 가도 대우받지 못한다.

옷을 사러 옷가게를 가더라도 뚱뚱한 사람을 위한 옷은 그리 많지 않다. 디자인이 맘에 들어서 골라잡으며 몸에 맞는 치수가 없다. 언제부턴가 뚱뚱한 사람을 바라보는 시선이 그리 곱지 않다. 멸시는 기본이고 게으른 사람이라는 낙인까지 받아야 한다. 한마디로 병자 취급을 한다. 아니, 병자 취급이 아니라 정확히 비만은 병이다. 게으름이 낳은 사생아다.

비만은 자기 탓이 아니라고 말하는 사람들이 많다.

"나는 물만 먹으면 살찌는 체질이야."

"스트레스가 하도 많아서 어쩔 수 없이 먹는 거야."

언제까지 이런 허접스러운 변명을 늘어놓을 수만은 없다. 불필요한 건 버려야 한다. 더 이상 몸에 불필요한 열량을 담아서는 안 된다. 그 넘쳐나는 열량이 몸 안에 독소를 만들고 세포에 돌연변이를 일으켜 병을 만들고 키운다.

달라져야 한다고 생각하는 순간, 인생이 달라진다

비만 탈출로 인해 인생을 보다 적극적으로 사는 사람을 소개해 보겠다.

한 뚱보가 있었다. 그의 나이 48살. 하루 종일 햄버거를 입에 달고 살고 매 끼니마다 고기가 보이지 않으면 왠지 마음이 허전했다. 남이 권한 음식은 사양하지 않았고 음식을 남기는 것은 용서가 되지 않았다. 닥치는 대로 먹기 시작해서 몸무게가 112킬로그램에 이르렀다. 그는 사회적으로 어느 정도 성공을 했지만 그렇다고 자신의 삶에 성공을 한 것은 아니었다. 늘 몸무게가 그의 삶에 걸림돌이 된 것이다.

"나는 당신 같은 뚱뚱보와는 살기 싫어요! 우리 이혼해요!"

그는 세 번째 부인에게 이혼을 당하고 생활 또한 이전보다 더 게을러졌다. 몸매가 꽤 괜찮았던 젊은 시절에는 패션 감각이 있다는 소리를 자주 들었지만 지금 그는 외모나 패션에 대해서는 전혀 신경 쓰지 않는 패션 무감각증에 걸리고 말았다. 한마디로 비만으로 인해 삶의 시스템이 서서히 무너져버린 것이다.

그러나 어느 날, 그는 달라져야겠다고 생각했다. 이대로 갔다가는 최고의 장점인 자신감마저도 잃을 수 있음을 깨달은 것이다. 그래서 비만을 부추겼던 자신의 게으름과 나태함을 버리기로 작정하고 본격적으로 다이어트에 들어갔다.

다이어트에 관한 책자를 훑어보고, 다이어트에 관한 비디오를 시청하고, 다이어트에 관한 음식들을 연구도 해보았다. 그러나 수만 가지 다이어트 비법 중에 그는 오직 한 가지만을 선택했다.

"그래, 달리는 거야!"

그는 어떠한 체중 감량 치료도 받지 않았고, 어떤 약물도 복용하지 않았으며, 특별한 식이요법도 하지 않았다. 오직 한 가지, 달렸다. 달리면 달릴수록 과거 뚱뚱했던 자신과는 멀어져갔다. 아무리 빡빡한 일정이라도 하루 중 낮이나 한밤중이라도 짬을 내서 규칙적으로 달리기를 했다.

그 결과, 50살에 그의 첫 번째 마라톤인 함부르크 마라톤 대회

완주에 도전해 멋지게 성공했다. 그 후 그의 달리기는 계속되었다. 워싱턴, 뉴욕, 리우, 예루살렘, 로마, 런던……, 그의 두 다리는 바빴고 그의 삶은 전진했다. 결국 다이어트에 성공했을 뿐만 아니라 새로운 인생을 맞이하게 된 것이다.

그가 바로 고등학교 중퇴의 학력으로 택시 운전사를 거쳐 독일 연방공화국의 부총리 겸 외무부 장관을 지낸, 독일에서 가장 인기 있는 정치인 1위로도 뽑힌 요쉬카 피셔이다. 그는 다이어트를 통해 마라톤이라는 새로운 즐거움을 얻었고 더불어 과거보다 더 적극적인 삶과 행복한 미래를 준비하고 있다. 22살 연하의 신부와 네 번째 결혼을 한 것이다. 비만 탈출이 그를 보다 행복하게 만들었다. 물론 비만에서 탈출한다고 해서 인생이 술술 풀리는 건 아니다. 하지만 적어도 인생이 전보다는 훨씬 더 즐거워진다는 건 사실이다.

미장원에 가서 머리 손질을 했는데 맘에 쏙 들게 머리 스타일이 나왔을 때, 기분이 어떠한가? 즐겁고 행복하다. 하물며 몸 전체가 완벽해지고 거기에 건강까지 얻게 되었는데 그 기쁨이 얼마나 크겠는가!

불필요한 건 다 버려라

살을 뺀다는 건 단지 저울의 바늘을 낮추는 것만을 의미하는 게 아니다. 살을 뺌으로써 과거의 자신을 버리고 새로운 나를 만들겠다는 강력한 의지이다. 또한 더 나은 삶에 대한 애착이다. 나도 몸무게가 꽤 나간다. 그래도 보기 흉할 정도는 아니다. 그냥 내 맘 편하게 통통한 편이라고 해두자. 물론 나도 다이어트를 시도했다. 그러나 다이어트 결심 3일 만에 한 여자에게 저지를 당했다. 꽤 빼빼했던 과거의 사진을 보더니 그냥 몸집이 있는 편이 훨씬 보기가 좋단다. 빼빼 말랐다면 나랑 만나지도 않았을 거라고도 했다. 그러니 그냥 그 몸집 그대로 있으란다. 물론 더 이상 찌지는 말라는 말과 함께. 그래서 다이어트 3일 만에 내 의지와 상관없이 타의에 의해 다이어트를 그만두게 되었다.

우리가 줄여야 할 것이 어찌 살뿐이겠는가. 살뿐만 아니라 말도 줄여야 한다.

대화를 나눌 때나 남을 설득할 때 너무나 많은 말을 하면 필요 없는 말이 섞여 나온다. 그러면 주제에서 벗어나기도 하고 말의 힘도 약해진다. 그러니 불필요한 말보다는 전하고자 하는 핵심만을 분명하게 전달하는 연습이 필요하다.

알베르트 아인슈타인 교수에게 한 학생이 물었다.

"교수님 같은 위대한 과학자가 될 수 있는 비결이 무엇입니까?"

교수는 미소를 지으며 말했다.

"입을 적게 움직이고 머리를 많이 움직이게."

또 이런 얘기가 있다.

J. 에인젤은 38년 동안 미시간 대학 총장을 지낸 인물이다.

그가 은퇴할 즈음, 기자회견이 열렸는데 기자가 그에게 물었다.

"오랫동안 그 어려운 총장 자리를 지킬 수 있었던 비결이 무엇입니까?"

그는 이렇게 대답했다.

"나팔보다 안테나를 높이는 것입니다."

사람이 태어나서 말을 배우는 데는 3년이면 충분하다. 그러나 침묵을 배우기 위해서는 한평생이 걸린다. 말을 줄이면 행동이 많아지고 그러면 더 많은 걸 성취할 것이다.

업무의 달인은 할 것과 하지 않을 것을 아는 자

업무도 그렇다. 형식적인 겉치레나 불필요한 결제로 업무의 효율성을 떨어뜨려선 안 된다. 불필요한 것은 과감히 버려야 한다.

'청소력 연구가'로 알려진 일본의 마스다 미쓰히로는 저서《청소력》출간을 기념하는 강연회에서 이렇게 말했다.

"청소력이 과연 무엇일까요? 여러분들도 다 경험했으리라 생각합니다. 더러운 방, 난잡한 방에 있으면 자신의 기분이 네거티브하게 됩니다. 에너지가 분산되기 때문입니다. 정리가 잘 안 되면 일의 능률도 떨어집니다.

청소력을 기르면 주변을 깨끗이 하고 불필요한 물건은 버리고 정리 정돈하게 됩니다. 더러운 부분이 깨끗해지면 분산된 에너지가 다시 집중됩니다. 이 집중된 공간에서 일을 하거나 공부를 하면 효과가 더욱 올라가게 됩니다.

우선 마이너스를 제거하는 청소력을 실천하십시오. 청소력과 마음의 법칙을 잘 활용하면, 인생은 반드시 호전됩니다. 그것은 제가 보장하겠습니다."

그가 제시한 청소력의 필수조건 세 가지는 다음과 같다.

1. 버리기 : 쌓여가는 서류와 명함, 책들을 버리면서 쓸모 있는 정보만 추려내라.
2. 닦기 : 찌든 때를 말끔히 닦아내면서 자신감만 남기고 분노와 후회는 털어버려라.
3. 정리 정돈 : 엉키고 뒤섞인 물건과 서류를 정돈하면서 일의 우선순위를 바로잡아라.

청소력은 보고서 작성에도 적용이 된다. 누구나 한 번쯤은 상급자에게 보고서를 다시 작성하라는 지시를 받아보았을 것이다. 물론 나도 그런 경험이 있다. 카피라이터로 일할 때, 나는 내가 쓴 한 줄의 카피를 통과시키기 위해 나름대로 전략적 보고서를 작성해서 윗사람에게 내밀었다. 딸랑 카피 한 줄만 내보이면 왠지 성의 없이 보이고 또한 설득력이 없을 것 같았기 때문이다. 그러나 윗사람은 언제부턴가 전략적 보고서에 그다지 관심이 없는 듯했다.

"김 카피, 전략적 보고서 쓸 힘이 남아 있으면 죽이는 카피 하나 더 쓰도록 해."

그러고 보니 윗사람에게 잘 보이기 위한 보고서 작성에 너무 많이 힘을 뺀 것 같기도 해, 괜히 얼굴이 붉어졌다.

그런 일이 있은 후, 나름대로 보고서 작성에 노하우가 생겼다.

첫째, 매수만 늘리지 말고 최소한 얇게 보고서를 만들자.

윗사람은 이미 나보다 산전수전 다 겪은 인물이다. 그러기 때문에 매수만 늘리려고 말도 안 되는 논리를 붙인다면 오히려 꼼수를 부린다고 오해를 받을 수도 있다. 누구나 다 명쾌하고 간단한 걸 좋아한다는 걸 꼭 기억해야 한다.

둘째, 머릿속에 로드맵이 그려지기 전에는 컴퓨터 자판을 두드리지 말자.

괜히 어설픈 논리를 펴지 말자. 오히려 그 논리가 자신의 발목을 잡을 수 있다. 윗사람은 부하직원의 허점을 찾아내기 선수다. 그러기에 바늘이 쑤셔도 빈틈이 없을 정도로 완벽한 논리를 세워야 한다. 급한 마음에 무작정 자판만 두드리지 말고 일단 머릿속으로 완벽한 그림을 그린 후, 글자를 나열하자.

셋째, 박수를 받을 만한 최고의 결론을 뽑아내자.

과정도 중요하지만 결과는 더 중요하다. 과정이 다소 허술하다고 해도 결론이 뛰어나면 어설픈 과정도 덮어줄 수 있다. 최고의 결론을 뽑아내기 위해 가장 많은 생각과 힘을 쏟아 부어야 한다. 최고의 결론을 내놓는다면 그 누구도 함부로 할 수 없다. 내공이 있는 사람이구나, 하고 마음속으로 인정할 것이다.

이상이다. 보고서 작성 때문에 지금 고민에 빠졌다면 위의 세 가지를 참고하기 바란다. 물론 누구나 다 아는 얘기일 것이다. 단지 그렇게 실천하지 않기 때문에 그 효과를 보지 못한다. 위의 세 가지 노하우를 그대로 적용한다면 경쟁력이 높아질 것이고 윗사람에게 예쁨을 받을 것이고 윗사람을 긴장시키는 존재가 될 것이다.

때론 버려야 더 큰 것을 얻는다는 결론이 나온다. 그러고 보면 늘 넘쳐나는 것들이 문제다. 그릇에 물을 너무 많이 담으면 넘친다. 그럼 넘쳐나는 물로 인해 주위가 젖고 지저분해진다. 지나침이 모자람보다 못하다는 말이 있다. 조금 더, 조금 더 욕심을 부리다가는 그 욕심으로 인해 불행을 초래한다. 늘리기보다는 줄이며 사는 게 행복이다. 오늘부터라도 내 삶의 불필요한 부분들을 줄여나가는 건 어떨까? 인생의 리모델링을 하는 것이다. 줄어든 만큼 채워질 것이고 버린 만큼 얻을 것이고 던진 만큼 돌아올 것이다. 분명 당신은 할 수 있을 것이다. 이제까지 잘해왔고 또 앞으로도 잘할 수 있을 테니까.

경허 스님의 버림

경허 스님과 탁발한 곡식을 걸망에 짊어진 제자 만공이 절로 돌아가고 있었다.

하루 종일 여기저기를 돌아다닌 탓에 몸은 무척 고단했다.

한숨을 내쉬며 만공이 경허 스님께 말했다.

"휴~. 스님, 정말로 힘듭니다. 더 이상은 못가겠습니다."

그러자 경허 스님은 한마디 내뱉었다.

"버려라!"

"예? 버리라니요? 뭘 버리라는 말씀입니까?"

"둘 중에 하나는 버려라. 무겁다는 생각을 버리든지 아니면 걸망을 버리든지."

만공은 고개를 내저으며 말했다.

"고생해서 탁발한 곡식을 어찌 버립니까? 또한 무거운데 어떻게 그 생각을 버립니까?"

때마침, 한 아낙이 지나가고 있었다.

경허 스님은 갑자기 아낙에게 달려들어 입을 맞췄다.

아낙은 '으악' 하고 소리를 질렀다.

경허 스님의 행동을 지켜보던 만공은 깜짝 놀라 두 눈이 휘둥그레졌다.

"스, 스, 스님. 지금……. 여기 있다간 큰일 나겠습니다. 도망이라도 가야 할 것 같습니다."

경허 스님과 만공은 뒤도 안 보고 앞만 보고 달렸다.

Think more deeply

한참을 달려서 그런지 숨이 턱 끝까지 찼다.

"이제 됐습니다. 스님. 그런데 왜 그런 몹쓸 짓을 하셨습니까?"

그러자 경허 스님은 웃으며 말했다.

"만공아, 이제 괜찮으냐? 지금도 걸망이 무겁더냐?"

"아, 아, 아니요. ……아, 예."

만공은 그때서야 고개를 끄덕이며 경허 스님의 가르침을 깨달았다.

07 재능의 법칙 :
건드려서 꽃을 활짝 피어나게 하라

대부분의 남자들은 25세의 나이에
목 윗부분이 죽어버린다.
왜냐하면 꿈꾸기를 멈추어버리기 때문이다.

_벤자민 프랭클린

세상에 내 이름을 단 작품을 선보이자

나랑 꽤 오랫동안 편지를 주고받았던 한 여자가 있었다. 나는 내
글 솜씨면 쉽게 그 여자의 마음을 사로잡을 수 있을 거라 자신했
다. 그런데 의외로 내가 먼저 마음을 빼앗기고 말았다. 그녀에겐
재능이 있었다. 바로 그림을 귀엽게 잘 그리는 것이었다. 그녀는
늘 편지지 한쪽 구석에 그림을 그려서 보냈다. 답장을 받던 어떤
날은 편지의 내용보다도 한쪽 구석에 그려진 그림에 먼저 눈이 갔

다. 그렇게 서서히 마음이 그녀에게로 스며들었다. 물론 그림 솜씨가 뭐 그리 대단하거나 독특한 건 아니었다. 장난 비슷하게 그려놓은 만화풍의 그림인데 그냥 왠지 끌렸다. 비범하지도 않지만, 평범함보다는 약간 수준이 있는 정도.

편지로 이어진 인연은 만남으로 이어졌고 만남은 더더욱 우리를 가깝게 만들었다. 그리고 어느 날, 나는 그녀에게 제안을 했다.

"내가 글을 쓸 테니까 너는 그림을 그리렴."

마치 한석봉 어머니가 한석봉에게 "내가 떡을 썰 테니 너는 글을 쓰거라." 하는 식이었다. 그녀는 흔쾌히 고개를 끄덕였고 우리는 바로 작업에 들어갔다.

그녀는 그림을 전공한 것도 아니었고 그림에 대한 욕심이나 그림에 관련된 직업을 꿈꾸지도 않았다. 다만 어렸을 때, 미술 선생님으로부터 칭찬을 받았고 교실 뒤편에 자기가 그린 그림이 걸리는 정도였다. 그녀는 나와 함께 작업을 하면서 잠자고 있던 그림솜씨를 깨웠다. 그리고 둘만의 추억이 될 만한 책 한 권을 펴냈다. 많은 사람들이 책을 사주고 축하해주길 바랐지만 그건 우리들의 욕심이었다. 여하튼 그녀는 나에게 고맙다고 했다. 세상에 자기 이름을 단 책을 갖게 되었음을. 그리고 자신도 까마득히 잊고 있었던 재능을 발견해내고 빛을 보게 해줘서 또 고맙다고 했다.

건드려주면 꽃은 활짝 피어난다

요즘 《시크릿》이라는 책이 인기다. 8개월 만에 100만 권이 넘게 팔린 걸 보면 단순한 인기를 넘어 광풍이라고 해도 과언이 아니다. 그 책의 내용을 요약하자면 '끌어당김의 힘'이라 할 수 있다. 긍정의 마음을 갖고 무언가를 끌어당기면 그 강력한 힘이 발휘돼 자신이 원하는 것을 이룰 수 있다는 것이다. 그러나 부정의 마음을 갖는다면 모든 것이 개선되지 않고 악화가 된다는 것이다. 어쩌면 너무나 당연한 말이다. 이미 다 아는 얘기임에도 불구하고 그 책에 열광하는 이유가 뭘까? 아마도 인간이라면 누구나 다 지금보다 더 나은 삶을 살기 바라고 또한 살 수 있을 거라는 간절한 소망이 있기 때문일 것이다.

그렇다. 누구나 지금보다 더 멋진 삶을 살기 바란다. 또한 그 가능성, 즉 재능을 가지고 있다. 그러하기에 스스로의 재능과 능력을 믿고 그것을 마음 안에 가둬만 놓지 말고 꺼내려고 노력한다면 누구나 다 기적을 맛볼 수 있다는 얘기다.

흔히 우리가 말하는 기적이라는 것은 어쩌면 잠재능력의 다른 말인지도 모른다. 스포츠 경기에서 도저히 깨질 수 없을 것 같은 기록을 한 선수가 깨면 해설자들은 극도로 흥분을 하며 인간의 한계를 극복한 기적이라고 말한다. 그러나 그건 엄연히 신이 이룩한 기적이 아니다. 인간의 잠재능력이 발휘되는 순간일 뿐이다. 어쩌면 지금보다 더 놀라운 신기록은 앞으로도 계속될 것이다. 인간이

지닌 잠재능력은 무한하기 때문이다.

실제로 1954년에 인간의 잠재능력의 가능성을 보여준 사건이 있었다. 로저 배니스터는 1마일을 3분 59초 4에 주파했다. 치타라면 모를까, 인간으로는 도저히 불가능했던 4분 벽을 놀랍게도 그가 깬 것이다. 그 후 다른 선수들도 연달아 그 기록을 깼다. 누구나 있는 잠재능력을 로저 배니스터가 먼저 끄집어냈고 그에 자극을 받은 다른 선수들도 불가능을 가능으로 바꿀 수 있었던 것이다. 그렇다면 잠재능력이란 무엇인가? 아직 발견되지 않고 곤히 잠들어 있는 능력이다. 누구나 놀랄 만한 일을 해낼 능력을 타고난다. 그 능력을 누군가가 건드려주거나 아니면 스스로 발견하고 발전시킨다면 이 세상에 불가능이란 단어는 사라질 것이다.

달을 그저 그리워만 했던 그 시절, 감히 달을 발밑에 놓을 생각을 했겠는가. 그러나 그런 일이 가능해졌다. 인간은 비행기를 만들어냈고 거기에 멈추지 않고 우주선까지 만들어냈다. 말 그대로 상상이 현실이 된 것이다. 상상을 현실로 바꾸고 불가능을 가능으로 바꾸는 마법 같은 힘의 원천은 바로 인간의 잠재능력이다.

인간은 세상에 나올 때 모든 가능성을 갖고 태어난다. 그러나 살면서 그것을 스스로 작게 만들어버리고 외면했던 것이다. 스스로 믿고 전진하는 자만이 승리자의 길을 갈 수 있다. 스포츠의 승자나 인생의 승자는 따로 있는 게 아니다. 그 누구보다 더 빨리 자기 안에 웅크리고 있는 잠재능력을 가슴 밖으로 꺼내느냐에 달린 것이다.

잠재된 힘이 표출되면 굵은 쇠창살을 구부릴 수도 있다

잠재능력은 안정적이고 안주해버리는 일상에서는 발견되기 어렵다. 자기가 처한 상황이 좋지 않거나, 꿈이 너무나 간절하고 하고자 하는 의지가 강렬할 때만 발견되고 발휘된다. 이런 일이 있었다.

어느 날, 엄마와 아이가 함께 동물원에 갔다. 사자 우리 앞에서 구경을 하다가 아이가 잘못해서 그만 우리 안으로 들어가고 말았다.

"아가~. 우리 아이 좀 구해주세요. 제발 좀 구해주세요."

엄마는 발을 동동 구르며 울부짖었다. 주위 사람들도 다들 경악을 금치 못했다. 그러나 그 누구도 나서지 않았다. 사실, 그 어떤 사람들도 사자의 우리에 들어갈 만큼 용감한 심장을 갖고 있지 않을 것이다.

사자는 침을 흘리며 어슬렁어슬렁 아이 쪽으로 점점 다가왔다. 앞으로 어떤 일이 일어날지 뻔한 상황이었다. 그러나 예상은 빗나갔다. 엄마는 자기 아이를 구출하기 위해 굵은 쇠창살을 구부리기 시작했다.

으아~!

엄마는 굵은 쇠창살을 엿가락처럼 구부려서 사자 우리 안으로 들어갔다. 그리고 마침내 아이를 구해냈다.

얼마나 놀라운 일인가? 그 연약한 팔로 어찌 쇠창살을 엿가락 다루듯 할 수 있었을까? 어머니의 모성본능이 내재되어 있던 힘을 꺼낸 것이다. 절실하고 간절한 사람만이 자기의 능력을 배가시킬 수 있고 내 안의 슈퍼맨이나 원더우먼을 발견할 수 있다.

하지만 대부분의 사람들은 안정적이고 한정된 삶에 만족하며 현실에 안주하길 원한다.

물론 당연하다. 누가 굳이 변화의 회오리 속에 끼어들고 싶겠는가. 그러나 현재의 위치에 얽매이면 발전이 없다. 다시 말해서 한정된 생각과 능력의 연못에서 허우적거리며 평생을 사는 것이다. 연못에서 빠져나와 더 넓고 푸른 바다를 꿈꿔야 한다.

자신의 인생이 왜 이 모양일까, 왜 발전이 없을까 하는 생각을 한다면 그건 변화를 거부했기 때문이다. 변화를 받아들이고 극복하고 발전시킬 수 있는 무한한 잠재능력을 그대로 잠재우고 있는 것이다.

잠재능력은 아주 작은 것으로부터 출발한다

마음의 작은 동요에서 시작하여 삶의 큰 변화가 찾아온다. 하버드대의 심리학자 엘렌 랑거 박사는 재미있는 실험을 했다. 호텔에서 일하는 44명에게 '당신들이 하는 일이 매일 30분씩 운동하는 것과 맞먹는다.'고 알려줬다. 반면 40명에게는 아무런 정보도 주지 않았다. 4주 뒤, 두 집단을 비교했더니 체중에서 상당한 차이가 나타났다. 자신이 하는 일이 운동이라고 인식하게 된 여성들은 평균 0.9kg의 체중이 빠지고 체지방이 줄었으며, 혈압도 10% 떨어졌다. 그러나 아무런 정보도 받지 못한 B집단에선 큰 변화가 없었다.

결과적으로 마음의 변화가 생활의 변화까지 가져오는 게 증명된 셈이다.

　미국에서 가장 인기 있는 인생 상담자인 쉐럴 리처드슨은 이렇게 말한다.

　"자신을 가치 있게 여기면, 자신이 이 삶에서 더 많은 것을 받을 자격이 있음을 깨닫게 된다. 그보다 못하고 덜한 것에 안주하는 상태에서 벗어나게 된다. 물론 여기에는 어느 정도 위험도 따를 것이다. 주위 사람들과 다른 길을 선택했을 때 느껴지는 외톨이라는 느낌, 실망감, 상실의 두려움, 이런 두려움 때문에 많은 사람들이 더 높이 바라보지 못하고 주저앉아버린다."

　즉, 마음으로부터 시작하는 다짐이나 의지가 내 안의 잠재능력을 깨우게 하고 또한 미래와 인생을 발전시키는 계기가 되는 것이다.

　그렇다고 무턱대고 잠재능력을 모조리 꺼낼 필요는 없다. 그것을 꺼내다가 인생이 다 지나갈 수도 있다. 다시 말해서 예술적 능력, 기술적 능력, 학습적 능력 등등 자기에게 맞는 능력이 무엇인지를 먼저 알고, 그것을 알았다면 그 한 가지만을 집중해서 발전시키는 게 낫다. 그게 시간과 에너지를 줄이고 더 발전할 수 있는 합리적인 방법일 것이다. 여러 가지를 잘하는 것도 중요하겠지만 한 가지를 남보다 특출하게 잘하는 사람이 대우받는 세상이 아니던가.

자기에게 주어진 능력을 100% 사용하라

두뇌발전소라 불린 아이슈타인도 뇌의 10% 정도만 활용했다고 한다. 나머지 90%는 지금 어디에 있을까, 고민하기보다는 그 10% 를 한 가지에 집중할 수 있느냐가 중요하다. 우리는 너무나 자기 자신을 과소평가하고 있지는 않은지 점검해야 한다. 참으로 오래 전에 TV에서 보았던 기억이 나는데, 지질학자들에 의하면 신선한 물 3%만이 지구 표면에 강과 호수로 드러나 있는 반면 나머지 97% 의 물은 지구 안쪽에 숨겨져 있다고 한다. 이는 보이는 것보다 보 이지 않는 것이 더 위대하다는 말이다.

우리의 능력도 마찬가지다. 현재능력과 잠재능력을 구분한다면 우리가 살면서 발휘하고 있는 능력은 겨우 3%의 현재능력에 불과 하다. 나머지 97% 내면에 잠재된 능력은 끝내 빛을 보지 못하고 사 라진다. 살다 보면 때론 예기치 않은 일이 들이닥칠 때가 있다. 사 업이 부도를 맞을 수도, 친구나 연인에게 배신을 당할 수도 가족이 나 친지에게 실망을 할 수도, 건강의 악화로 실의에 빠질 수도 있 다. 그럴 때면 앞이 깜깜하고 삶의 의욕을 잃고 말 것이다. 그러나 그것이 길어지면 안 된다. 답을 찾아야 한다. 의외로 답은 간단하 다. 자신의 능력을 믿는 것이다. 아직 발휘하지 못한 97%의 능력 을, 가능성을, 희망을, 열정을, 강인함을, 성공을 믿는 것이다.

가슴 깊은 곳에서 깊은 잠을 자고 있는 능력은 더 이상 내 것이 아니다. 죽은 것이며 이미 없는 능력이다. 말 그대로 잠재력은 어디까지나 잠재력일 뿐이다. 그것을 내 것으로 만들고 현실에서 사용할 수 있고 변화할 수 있게 만들어야 한다. 막연한 기대감으론 부족하다. 부단히 노력하고 연습하고 그것에 몰두해야 한다. 발 밑바닥에 고여 있는 97%의 물을 가슴까지 끌어올려야 하는 것이다. 그러면 분명 위기는 기회가 될 것이다. 그 능력의 괴력을 맛볼 수 있을 것이다.

믿는 만큼 이루어진다는 말이 있다. 칼로 도마를 자를 수 있다고 믿는다면 당근은 물론 도마까지 자를 수 있다. 치타보다 더 빨리 달리겠다고 의지를 불태우면 치타를 따라잡을 수도 있다. 잠재된 능력은 현실을 지배하고 그로 인해 현실의 발전을 가져다준다. 어차피 사용하지 않으면 사라지고 말 잠재능력, 얼마나 아까운가!

지금 당장, 가슴속에서 잠자고 있는 거인을 깨워라. 그 거인과 악수하는 순간 당신은 위대해질 것이다.

Think more deeply

보스턴 마라톤 대회 여자부에서 우승한 선수와 인터뷰하는 장면이 텔레비전을 통해 전국에 방송되었습니다. 아나운서가 우승을 차지한 선수에게 질문을 던졌습니다.

"당신은 어째서 마라톤 선수가 되었습니까? 마라톤이라는 경기가 당신을 즐겁게 해주었습니까?"

선수가 대답했습니다.

"아닙니다. 즐겁기는커녕 마지막 골인 지점을 남겨놓고는 너무 고통스러워 포기하고 싶을 때가 한두 번이 아닙니다."

아나운서의 질문은 계속되었습니다.

"그런데도 당신은 어째서 그렇게 고통스러운 마라톤을 택했습니까?"

그녀는 대답했습니다.

"그건 나를 확인하기 위해서입니다. 불가능하다는 일에 도전하여 극한까지 가는 고통을 극복하기 전까지는 도대체 내가 누구인지, 어떠한 잠재력과 능력을 지닌 사람인지 발견할 수 없기 때문입니다."

_《좋은 생각》중에서

08 열정의 법칙 :

남극을 녹일 만한 뜨거움, 가슴에서 꺼내라

전력투구, 이것 없이 당신은 잘되어야 보통이다.
당신이 남을 능가할 수 있는 힘,
그것은 전력투구라는 단어 속에 숨어 있다.

_로보트 엘 슈크

나를 극복하겠다는 열정의 힘을 주목하자

종종 뮤지컬을 본다. 뮤지컬을 즐겨 보는 이유는 그 안에 춤과
노래가 있어 재미있고 흥겹기도 하지만 배우들의 열정을 생생하게
느낄 수 있기 때문이다.

몇 해 전, 뮤지컬 〈토요일 밤의 열기〉를 본 적이 있다. 이 이야기
의 주 무대는 디스코텍이다. 뉴욕 브루클린 뒷골목의 청년 토니 마
네로. 보잘것없는 인생을 사는 그 청년에게 오로지 낙은 춤이다.

98

그 춤을 통해 사랑하는 여자 스테파니도 만나고, 댄스 경연대회에서도 우승을 하게 된다. 춤 안에 사랑도 우정도 그리고 인생도 담겨 있는 참으로 신나고 유쾌한 뮤지컬이다. 이 뮤지컬을 보면서 내내 마음이 흥으로 가득 찼다. 펄럭이는 나팔바지, 기름으로 빗어 넘긴 머리, 손가락으로 하늘을 찌르는 디스코 춤. 이 뮤지컬이 익숙하고 더 가슴에 와 닿은 이유는 바로 음악 때문이다. 그룹 '비지스'가 부른 노래로 후반부에 남녀 주인공이 함께 부르는 〈How Deep Is Your Love〉는 너무나 감미롭고 감동적이다.

토니 역할을 한 주인공은 신예 뮤지컬 배우 박건형이었다. 지금은 영화배우로 맹활약을 하고 있지만 그때까지만 해도 그다지 알려지지 않은 얼굴이었다. 그는 춤과 노래가 뛰어났기에 모든 관객들의 관심을 한 몸에 받았다.

하지만 내가 그 무대에서 주목한 배우는 비중 있는 조연으로 출연한 아네트 역의 윤석화였다. 윤석화는 이 작품의 연출가이기도 했다. 윤석화는 연극배우로는 이미 유명했지만 뮤지컬 배우로는 좀 낯설었다. 또한 쉰 살이 넘었는데도 뮤지컬 무대에 선 것이다. 아시다시피 뮤지컬은 과격한 춤동작과 노래가 많기 때문에 체력 소모가 엄청나다. 그러나 그녀는 그날 두 시간 가까이 되는 공연 내내 한 치의 실수도 없이 열정적으로 춤을 추며 노래했다. 물론 젊은 배우들에 비해 순발력이나 파워가 부족한 건 사실이었다. 그러나 그 나이에 그 무대에 섰다는 것만으로도 참으로 아름답고 대단하게 보였다. 그녀가 그 무대에 설 수 있는 힘은 어디서 나온 걸까? 그건 바로 열정의 힘일 것이다. 무대를 사랑하는 열정, 관객을 사랑하는 열정, 나를 극복하겠다는 열정이 모든 것을 가능하게 만든 것이다.

열정은 사람을 끌어당긴다

'못해서 안 하는 것이 아니라 안 해서 못하는 것이다'라는 명언을 남긴 심형래. 그는 영화감독이기 전에 '영구'라는 바보 캐릭터로 온 국민의 배꼽을 빠지게 한 최고의 코미디언이었다. 그러던 심형래가 서서히 코미디언이라는 타이틀을 버리고 영화감독이라는 수식어를 달기 시작했다. 그리고 마침내 2007년 여름, 〈디워〉라는 영화를 들고 우리 앞에 나타났다. 그 영화에 대해 말이 참 많았다. "CG는 뛰어나지만 작품성이 없다.", "저 정도면 볼 만하다.", "편견으로 영화를 죽이지 말자.", "세계 시장에서 통한다." 등등 반응이 참으로 뜨거웠다. 그런 논쟁을 차치하더라도 그의 열정은 존경받을 만하다.

그는 어린이들에게 많은 사랑을 받았던 코믹 영화 〈영구와 땡칠이〉 시리즈로 멈추지 않고 SF 괴수 영화에 도전했다. 〈티라노의 발톱〉에서 2001년 〈용가리〉에 이르기까지, 물론 작품성 내지 CG가 모두 미약하여 영화를 개봉할 당시, 이건 영화도 아니라는 심한 비난을 받아야 했다. 또한 "코미디언이 무슨 영화감독을 해!" 심형래에 대한 선입견은 더욱 그를 힘들게 했다. 그래도 그는 좌절하지 않았다. 힘들고 쓰러져도 오직 열정 하나만으로 한길을 간다는 마음으로 매진하여 〈디워〉를 만들어냈고 국내는 물론 세계 시장에 당당히 그 영화를 내놓은 것이다. 그것을 만들기 위해 얼마나 많은 땀과 시간을 들였을까. 그의 열정에 찬사를 보낸다. 그의 열정은 분명 한국 영화의 미래를 밝게 하고, 발전 가능성을 훨씬 높여놓았다.

아래 보이는 문항에 해당되는 것이 있으면 체크해보자.

□ 주위 사람들의 말에 마음이 잘 흔들린다.

□ 낯선 환경에 적응한다는 것이 참으로 두렵다.

□ 성공은 특정한 사람들만 하는 것이다.

□ 자기계발을 위해 시간 투자를 하고 있지 않다.

□ 한 시간 이상 어떤 일에 몰두를 하지 못한다.

□ 계획표를 짰지만 100% 실천한 적은 없다.

□ 아무리 노력해도 나에겐 한계가 있다고 본다.

□ 친구와 대화를 할 때 미래보다는 과거 얘기를 주로 한다.

□ 내가 가장 좋아하는 일이 도대체 뭔지, 모를 때가 많다.

□ 남을 이끄는 것보다 남에게 이끌리는 게 차라리 편하다.

이 문항은 열정을 측정하는 리스트이다. 체크한 문항이 많다고 낙담할 필요는 없다. 많이 체크했느냐 적게 체크했느냐가 중요하진 않다. 체크 문항이 많으면 많은 대로 적으면 적은 대로 의미가 있다. 분명 체크를 하는 동안, 마음속으로 각자 느낀 바가 있을 것이다. 체크한 문항이 많다면 지금의 나를 되돌아보고 반성하면서 앞으로의 나를 어떻게 가꿀 것인가를 생각하면 되고, 체크한 문항이 적다면 지금 상태를 유지하기 위해 더 노력하면 되는 것이다. 열정은 누구에게나 있고 또한 언젠가는 식기 마련이다. 그 열정을 누가 더 오래 지속하느냐가 성공과 실패를 판가름하는 기준이 될 것이다.

도끼를 갈아 바늘을 만들어라

열정을 중국 고사 성어에서 찾아보자.

'마부위침磨斧爲針.'

그 유래를 보면 다음과 같다.

이백李白은 훌륭한 스승을 찾아 산에 들어가 수학했는데 어느 날 공부에 싫증이 나서 스승에게 말도 없이 산을 내려왔다. 집을 향해 걷고 있던 이백이 냇가에 이르자 한 노파가 바위에 열심히 도끼를 갈고 있었다.

이백은 할머니에게 무엇을 하느냐고 물었다. 그러자 할머니는 도끼를 갈아 바늘을 만드는 중이라고 대답했다. 그것이 가능한 일이냐고 이백이 되묻자, 할머니는 이렇게 대꾸했다.

"중단하지 않는다면 가능하지."

도끼를 갈아 바늘을 만든다는 의미는 열정과 끈기를 갖고 일하면 성공할 수 있음을 나타낸다.

그 어떤 위대한 일도 열정 없이 이루어진 것은 없다. 전략과 아이디어에 실천의 힘을 더하고 마지막으로 열정으로 마무리를 해야 한다. 그것이 승리자가 되는 비결이고 인생의 달콤한 열매를 맺게 하는 진리임을 잊지 말아야 한다.

설령 실패해도 당당해야 한다. 그렇다고 실패를 변명으로 감추는 뻔뻔한 사람이 되라는 건 아니다. 스스로 할 수 있는 일을 모두 했고, 자신이 발휘할 수 있는 능력을 남김없이 쏟아 부었다면 설사 좋은 결과를 얻지 못한다 해도 후회는 없을 것이다. 물론 성공적인 결과를 거둔다면 더할 나위 없겠지만 우리네 인생은 성공보다 실패의 확률이 높다. 그러하기에 실패한 후에 '조금 더 열심히 할걸!' 하고 후회하는 일은 없어야 한다. 열정을 다한 사람에게는 인생과 일과 사람에 정면으로 맞선 사람에게는 후회라는 단어는 없다. 열정은 만족이며, 희망이며, 오늘보다 발전된 자신이다.

지미 카터는 해군사관학교 출신이다. 그가 해군사관학교를 졸업하고 처음 부임하는 자리에서 사령관은 그의 신고를 받고 질문을 던졌다.

"카터 소위, 귀관은 사관학교 시절에 몇 등이나 했는가?"

"750명 중 57등을 했습니다."

갑작스런 질문에 당황하던 그가 대답했다. 그러자 사령관은 이렇게 꾸짖었다.

"귀관은 어찌하여 최선을 다하지 않고, 57등밖에 못했는가?"

이 일이 있고 난 후부터 카터는 '왜 최선을 다하지 못했는가?'라는 사령관의 말을 일생의 좌우명으로 삼았다.

살아가면서 어느 순간에 이런 질문을 받는다면 당신은 어떻게 대답하겠는가?

비록 아주 사소한 일이라도 최선을 다하고 결과에 순종하는 그런 삶이 옳은 삶이다.

열정은 간절한 마음에서 시작된다

어쩌면 열정은 절실함에서 더 큰 힘을 발휘하는지도 모른다.

한나라의 명장 이광이 숲속에서 사냥을 했을 때의 일이다.

그는 당대 최고의 명궁이었다. 그가 쏜 화살은 백발백중이었다. 그의 화살촉은 어김없이 새와 짐승들을 관통했다.

어느 날, 그는 사냥에 열중한 나머지 그만 숲 한가운데서 길을 잃고 말았다. 아무리 마을로 내려가는 길을 찾으려고 해도 산이 깊고 높아 길을 찾기가 쉽지 않았다. 그렇게 몇 시간을 헤맨 끝에 결국, 그는 그 자리에 주저앉았다.

"날은 이미 어두워졌는데 어떡하지?"

그런데 문득 숲속에서 무언가가 자기를 노려보고 있는 것만 같았다.

깜짝 놀란 그는 뒷걸음질을 쳤다.

"뭐지? 몸집이 큰 거 같은데……."

어둠 속이라 잘 보이지 않았지만 그는 눈에 힘을 주어 그것을 주시했다.

바로 호랑이였다.

그는 덜덜덜 떨리는 손으로 화살을 뽑아들었다. 너무나 가까운 거리에 있는 탓에 자칫 실수로 호랑이를 맞추지 못한다면 영락없이 호랑이의 밥이 될 처지였다.

그는 마음을 가다듬고 온몸의 신경을 곤추세워 호랑이를 향하여 활시위를 당겼다.

정통으로 맞은 듯했으나 이상하게도 호랑이가 움직이질 않았다.

그는 고개를 갸웃거리며 한 걸음, 한 걸음 다가갔다.

두 눈을 크게 뜨고 자세히 보니 그건 호랑이가 아니라 호랑이 형상을 한 바위였다. 그가 쏜 화살은 바위 깊숙이 박혀 있었다.

"내가 쏜 화살이 바위를 뚫다니, 도저히 믿을 수가 없군."

열정은 내 안의 절실함이 강하면 강할수록 더더욱 큰 힘을 발휘한다. 그러기에 지금 자신이 처한 상황이 좀 불리하다고 해서 좌절하거나 절망할 필요는 없다. 그건 내 안의 열정을 끌어내기 위한 과정이고 기회인 것이다. 나 또한 늘 절박함으로 글을 쓰고 있다. 직장을 다닐 때는 글 쓰는 것을 취미 정도로 생각했지만 그것이 직업이 되다 보니 나는 그 누구보다도 더 글에 대해 열정을 쏟고 있다. 하루 종일 글에 대해 생각하고 글에 대한 책을 보고 글을 쓰고 있다. 절박함이 글에 대한 집착을, 사랑을 그리고 열정을 북돋아준다. 어느 순간부터 나는 열정적인 사람이 되었다. 그러고 보니 긴장된 삶, 위기의식을 갖는 삶을 사는 것이 그리 나쁘지만은 않은 것 같다.

마지막으로 나이가 많다는 이유로 열정을 놓아버리는 사람들에게 전경일의《마흔으로 산다는 것》중에 나오는 멋진 말을 전해주고 싶다.

삶과 젊음이란 영원하지 않음을 잘 알고 있다.

바로 마흔의 출발선은 이 사실을 재인식하는 데에서 시작된다.

삶은 라켓볼과 같아서 자기가 치는 대로 되돌아온다.

그런 까닭에 지금 이 순간부터 우리는 인생의 나머지 시간을 가장 열정적으로 살 수 있어야만 한다.

그러한 열정의 대가로 아름다운 노년을 되돌려 받을 수 있다.

사자는 마음속에 목표물을 깊이 각인시킨 후, 정신을 고도로 집중해 그것을 향해 맹렬히 돌진한다. 이때 사자의 가슴은 금방이라도 터질 듯한 화산처럼 그 속이 용암 같은 뜨거운 열정으로 들끓는다.

흔히 열정이라 부르는 것은 바로 온몸의 모든 세포 하나하나가 느끼고 요동치며 마음속에서 갈망하는 무언가를 이루어내려고 하는 감정이다. 열정은 일종의 강하게 격동하는 사람이나 일, 물건, 또는 신앙 등에 대한 강렬한 욕구다.

영국의 낭만파 시인 퍼시 셸리는 열정에 대해 이렇게 정의했다.

"열정은 우리에게 젊음을 줄 수 있다. 생활이 강렬한 희망으로 가득 차 있는 사람은 자신의 인생을 위대한 열정으로 살아내는 사람이다. 열정은 청춘과 어깨를 나란히 할 만큼 더없이 소중한 인생의 선물이다."

열정적인 사람은 삶이 결코 순탄하지만은 않다는 사실을 잘 안다. 그래서 가능한 한 열정적이고 격정적으로 자신을 채찍질해 쉼 없이 앞으로 나가려 한다.

_난광원의 《사자는 쥐와 겨루지 않는다》 중에서

09 특화의 법칙 :
나만의 신무기를 개발하라

승리와 패배를 가르는 '1인치'를 찾아
최선을 다하는 것이야말로 승리보다 값지다.

_영화〈애니 기븐 선데이〉중에서

세상을 사로잡고, 사람을 사로잡고……

미팅이나 소개팅을 나간 적이 다들 몇 번씩은 있을 것이다. 나
또한 그랬다. 매번 미팅을 나갈 때마다 나는 그다지 여자들의 주목
을 받지 못했다. 일단 외모가 많이 부족했다. 장동건이나 조인성처
럼 조각 미남도 아닐뿐더러 약간 매부리코에, 마음의 창이라 불리
는 눈은 '새우눈'에 가까웠다. 일단 얼굴에서 점수를 많이 깎아먹
는다. 그렇다고 여자의 귀를 사로잡을 만한 뛰어난 화술이 있는 것
도 아니다. 약간 지루하게 느낄 정도의 느린 말투와 어눌한 표현.

뭐 하나 내세울 것이 없었다.

그렇다고 이대로 물러설 내가 아니기에 난 《여자의 마음을 사로잡는 법》이라는 책을 펼쳐보았다. 그 책을 몇 번이고 읽었다. 물론 이론과 실제는 다르지만 그래도 최대한 이론에 충실하리라 맘먹었다.

어느 날, 친구들과 어울려 미팅에 나갔다.

나는 웃는 얼굴로 여자를 대했다. 좋아한다는, 관심이 있다는 의사 표현을 웃음으로 한 것이다. 내 웃음을 건네받은 여자들도 미소로 답변했다.

두 번째, 여자들이 하는 말에 맞장구를 쳐주기.

"그래그래. 그렇지." "내 생각이 바로 그거야." "어쩌면 나랑 똑같냐? 우리는 뭔가 통한다."

그러자 여자들은 더 신이 나서 얘기를 늘어놓았다. 어느새 여자들의 시선이 모두 내 쪽으로 고정되고 있음을 느낄 수 있었다. 무척 기분이 좋았다. 이야기꽃도 피우고 술도 한 잔 걸치면서 모든 것이 순조롭게 착착 진행되었다.

그런데 노래방에서 내가 쌓아올린 노력이 한순간에 무너져 내렸다. 그 이유는 같이 간 친구 중에 노래를 꽤 잘하는 친구가 있었는데 그 친구가 노래를 하는 바람에 여자들의 모든 시선이 그쪽으로 향했다. 그 친구는 여태 말 한 마디도 하지 않고 있는 듯 없는 듯 별주목을 받지 못했었다. 더군다나 뭐가 그리 불만인지 미팅하는 내

내 잔뜩 인상만 썼다. 그런데 그 친구가 마이크를 들자 순식간에 여자들의 시선을 확, 휘어잡은 것이다. 노래 솜씨로 인해 승부는 갈라졌다. 결국 노래방 이후로 나는 뒷전이었고 여자들은 다들 그 친구에게 달라붙었다.

나는 쓸쓸히 집으로 돌아오는 길에 깨달음 하나를 얻었다. 자기만의 강력한 무기 하나쯤은 있어야 살아남는다는 사실을.

특화된 실력은 자신감을 불러일으킨다

자기 안에 강한 자신감이 있는 사람은 어느 자리에서도 주눅 들지 않는다. 누구 앞에서도 당당하다. 그렇다면 강한 자신감은 어디서 오는가? 무작정 생기는 것이 아니다. 남보다 뛰어난, 세상에 둘도 없는 나만의 무언가가 있어야 한다.

돈이 많든, 능력이 뛰어나든, 지식이 많든, 인맥이 좋든, 뭔가는 하나 있어야 한다. 지금보다 더 나은 삶을 영위하고 남보다 한발 더 앞서나가고 끝까지 살아남기 위해선 자기만의 특기, 즉 감히 남들이 흉내 낼 수 없는 특화된 장기가 있어야 한다는 얘기다.

무기를 만들려면 일단 '유일성'을 찾아내는 것이 중요하다. 유일하다는 건 남에게 없는 것이며 또한 남들보다 돋보일 수 있는 것이다. 물론 남들과 차별화를 꾀한다는 게 그게 쉬운 일이 아니다. 남과 똑같은 재능이라도 더 많이 연습하고 노력하면 특출할 수 있고 앞서갈 수 있다. 그러면 그게 바로 자기만의 무기가 된다.

자기만의 무기가 있는 사람은 참으로 여유롭고 겸손하다. 결정적인 순간에 모든 사람들을 이길 수 있는 강력한 무기가 있다면 얼마나 든든할 것인가.

잉글랜드 맨체스터 유나이티드에서 활약 중인 박지성 선수가 인터뷰에서 기자와 이런 말을 주고받았다. 기자는 박지성 선수에게 물었다.

"국내 선수들이 프리미어리그에 진출하기 위해 중요한 것이 무엇입니까?"

박지성은 고민할 것도 없이 대답했다.

"프리미어리그에 진출하려면 자신만의 무기가 필요합니다. 너무나 뻔한 얘기일 수도 있겠지만 프리미어리그에 진출하기 위해 가장 중요한 것은 '실력'입니다. 실력만 있다면 적응하는 데 큰 문제는 없을 것입니다."

그의 말이 이어졌다.

"프리미어리그는 단지 공격과 수비 전환이 빠르고 체격조건이 좋은 선수들이 포진해 거칠다는 특성이 있지만 몇 개월 적응하면 충분히 극복할 수 있을 것입니다. 자기만의 무기를 가지고 온다면 누구라도 성공할 수 있을 것입니다."

기자가 또 질문을 했다.

"자신만의 무기를 갖춰야 한다는데 박지성 선수는 본인만의 무기는 무엇이라고 생각합니까?"

박지성 선수는 쑥스러운 듯 미소 지으며 말했다.

"많은 사람들이 얘기해 주는 부분들이 내가 가진 장점이죠. 공간을 잘 이용한다는 것, 그리고 많이 움직이고 쉼 없이 움직일 수 있다는 능력이 내가 가진 장점이라고 생각합니다."

누구에게나 무기는 있다, 발견하는 자가 이긴다

돈도 없으면서 괜히 허세 떨지 말고, 권력도 없으면서 괜히 우쭐대지 말고, 지식도 없으면서 괜히 아는 체하지 말고, 정도 없으면서 괜히 위로하는 척하지 마라. 부랴부랴 서두를 필요가 없다. 어설프게 남의 것을 흉내 낼 필요도 없다. 없으면 없는 대로 인정하며 차근차근 내 안의 재능을 찾자.

전쟁에서도 창과 방패가 없으면 몸으로 싸움을 한다. 물론 총알이 떨어져도 마찬가지다.

'난 하나도 없어!' '나한테 무슨 남들을 이길 만한 게 있겠어?'

괜히 말도 안 되는 것 가지고 자책하여 스스로를 깎아내리거나 자기 합리화를 하지 마라.

찾지 않았을 뿐이지, 발견하지 못했을 뿐이지 분명 누구에게나 무기가 한 가지씩은 있기 마련이다. 그 한 가지를 찾는 순간, 그 어떤 두려움도 거뜬히 이겨낼 수 있고 그 어떤 세상도 거뜬히 넘어뜨릴 수 있다.

제임스 M 베리는 이렇게 말했다.

"당신이 갖고 있는 재능을 사용하라. 만약 가장 노래를 잘하는 새만이 노래를 부른다면 숲 속은 너무도 조용할 것이다."

분명 찾을 수 있을 것이다. 많은 걸 찾을 필요는 없다. 단 1%만 찾아도 된다. 초당 4만 병이라는 소비량을 자랑하는 코카콜라 맛의 비법은 1%의 차이다. 99%의 설탕물로 이루어졌으나 단 1% 맛의 비법으로 인해 그 누구도 따라잡을 수 없는 경지에 오른 것이다. 나만의 무기를 만들기 위해선 단 1%만으로도 충분하다. 그 1%의 발견이 인생을 바꾼다.

자기만의 무기를 발견했다고 해서 그걸로 끝나면 안 된다. 발견해낸 다음에는 지속력이 중요하다. 끊임없는 연구와 지식으로 그것을 뒷받침해줘야 한다. 만약에 발견으로만 끝난다면 그건 단지 색깔만 달리 보일 뿐 알맹이는 별 내용이 없는 꼴이 된다.

강력한 무기는 결국 집착과 집중에서부터 온다

블로그의 등장으로 1인 1 브랜드화가 급속히 퍼지고 있다. 직장인뿐만 아니라 학생, 주부, 노인층에 이르기까지 웬만한 사람은 하나씩 블로그를 운영하고 있다. 하지만 그저 만들어놓기만 할 뿐 운영을 제대로 하지 못한다. 그 이유는 방문객이 점점 줄어들기 때문일 것이다. 방문객을 늘리기 위한 방법은 뭘까? 그 방법은 간단하다. 자기만의 콘텐츠를 개발하여 글로 남기거나, 축적된 전문지식으로 특화시켜야 한다. 요즘은 전문가가 대우받고 살아남는 시대다.

소위 '파워 블로거'라 불리는 사람들은 모두 다 그 분야의 전문가다. 아니, 그 이상이다. 그래서 그런지 출판은 물론 방송에서도 그들을 가만히 두지 않는다. 그들은 이미 스타다. 그들의 영향력은 웬만한 매체보다 훨씬 세다.

일본에서 애니메이터로 활동하는 김현근은 6년 동안의 일본 생활을 자신의 블로그에 담아냈고, 마침내《당그니의 일본 표류기》라는 책을 발간했다. 또한 일본인 사야카도 한국에서 생활하면서 겪은 일들을 블로그에 적어놓은 글을 모아《사야카의 한국 고고씽》을 발간했다. 그뿐만 아니다. 야옹양이라는 닉네임으로 활동하고 있는 김민희는 블로그에 연애와 요리라는 소재를 연재하고 있는데, 그 글 역시 요리 에세이로 이미 출간되었고 또한 지금은 그 인기에 힘입어 케이블 TV의 진행자로도 활약하고 있다. 자신만의 전문 분야에 집착하고 집중한 결과가 이처럼 새로운 기회를 마련해주는 것이다.

퀴리 부인은 말했다.

"저는 끝까지 하나의 목표를 향해 꾹 참고 노력했어요. 전 생명이 짧고 약하다는 것을 잘 알고 있죠. 비록 제가 노력해도 반드시 진리를 얻는다고 보장받을 순 없었지만, 전 늘 노력했어요. 누에가 고치를 만들어내듯이 전 필연적으로 노력했죠."

또한 셰익스피어는 말했다.

"단단한 상수리나무를 작은 도끼로도 벨 수 있습니다. 비록 도끼가 작더라도 도끼질을 멈추지 않는다면, 반드시 그 나무를 벨 수 있습니다."

작가가 되려거나 스타가 되고자 한다면, 자기가 가장 잘하는 것 한 가지를 골라 그것을 지구가 구멍 날 정도로 끝까지 파라. 그러면 분명 그 꿈을 이룰 수 있을 것이다.

콤플렉스는 자기만의 무기를 찾을 수 있는 기회다

누구에게나 콤플렉스가 있기 마련이다. 그건 자신의 삶을 옭아매는 밧줄이 아니라 반드시 뛰어넘어야 할 허들이며 발전 기회일 수도 있다. 콤플렉스에서 자기만의 무기를 찾는 사례도 종종 있다.

4인조 여성 보컬 그룹인 '빅마마'의 경우도 그렇고 또한 나의 경우도 그렇다.

빅마마의 멤버인 신연아, 이지영, 이영현, 박민혜 4명은 가수가 되기 위해 스무 번이나 넘게 오디션을 봤다. 그러나 기획사 사람들은 늘 이런 소리를 하곤 했다.

"가수가 되려면 일단 노래를 잘 불러야지. 하지만 그건 라디오 시대의 이야기야. 지금은 텔레비전 시대야. 다시 말해 듣는 것도 중요하지만 보여지는 것도 중요하다는 얘기야. 그러니까 너희는 안 돼!"

"저희가 어때서요?"

"보면 몰라? 자, 거울을 좀 봐라. 너희들의 모습을?"

외모 때문에 가수 데뷔조차 힘들었지만 그러면 그럴수록 그들은 실력을 쌓기 위해 더더욱 노력했다. 또한 외모보다는 노래 실력이 더 인정받고 개성 있는 외모가 오히려 강력한 무기가 될 수 있을 거라고 확신했다. 그렇게 백방으로 기획사를 알아본 결과, 드디어 그들의 가치를 발견한 기획사가 그들과 손을 잡고 음반을 냈다.

빅마마는 다른 그룹들처럼 특별한 파트를 정해놓고 노래 부르지 않는다. 곡의 스타일에 따라 자유자재로 파트를 바꾸고 그에 따라 다양한 톤을 능수능란하게 사용하면서 화려한 가창력을 선보인다. 빅마마의 1집 앨범은 30만 장이 넘게 팔렸고, 2집 앨범 또한 꾸준한 사랑을 받으며 성공했다. 그들은 외모보다는 실력과 당당함을 무기로 잘못된 상식을 보기 좋게 뒤집었으며 스스로 콤플렉스인 몸무게와 외모를 극복해냈다.

나 또한 콤플렉스가 있었다. 아니 지금도 있다. 앞에서도 얘기했듯이 남 앞에 나서는 것에 대한 두려움이 심하다. 남 앞에만 서면 식은땀이 나고 발표를 해야 할 상황이 닥치면 그 두려움은 극에 달한다. 어릴 때부터 말주변이 없고 소심했는데 그것이 지금까지 이어지고 있다. 물론 그런 콤플렉스를 고치려고 노력하지 않는 건 아니다. 그러나 별 소용이 없었다.

그래서 나름대로 그것을 감추기 위해 나만의 무기를 가져야 했고 그 무기가 바로 글쓰기였다. 말보다는 글이 편했고 그 글로 인해 정확히 나의 의견이나 주장을 펼 수 있었고 더 나아가 사람들을 설득하는 데 참으로 유용했다. 그래서 더더욱 글쓰기에 매진하여 광고 카피라이터라는 직업을 얻었고 결국 작가의 길을 가게 되었다. 콤플렉스가 없었다면 나는 글과 가까이 지낼 이유가 없었다. 콤플렉스는 나에게 행운이었고 기회를 제공한 고마운 녀석이었다.

당신도 고마워하라. 당신을 괴롭히는 콤플렉스에게. 그것을 잘 활용하면 인생이 달라진다.

획기적인 신무기, 나를 구하다

황산의 정산봉 꼭대기를 점령한 왜구는 목책(말뚝을 박아 만든 울타리)을 설치했다. 삼면이 절벽이었던 그곳은 목책을 설치하자 철통의 요새가 됐다. 이성계는 이에 획기적인 신무기를 사용한다. 최무선이 개발한 화약과 화통을 응용한 포를 처음으로 쓴 것이다. 이를 통해 목책에 화재를 일으키고, 그 안 진영의 천막을 불태웠다.

당황한 왜구가 전략을 바꾸려 했을 때에는 그간 유리했던 지형이 최고의 악재로 작용했다. 출구가 하나밖에 없었으므로 행동반경을 이성계가 이끄는 고려군에 다 읽혔던 것이다.

(……)

그간 왜구에 시달렸던 고려의 전쟁은 역전됐다. 고려가 전쟁에서 완승했고 전사한 왜구의 피로 6~7일 동안 물을 먹을 수 없을 정도가 됐다고 한다. 황산대첩으로 기록되는 이 전쟁으로 인해 왜구의 세력은 약화됐고 고려의 왜구정책은 보다 적극적인 태도로 변했다. 최무선이 개발한 화약을 응용한 무기로 철통의 요새를 공격했던 것이 승리의 열쇠였다.

_올댓뉴스 강소현 기자의 기사 중에서

10 라이벌의 법칙:
질투와 시기를 자극하는 자, 항상 곁에 둬라

위대함은 당신이 다른 사람보다
앞서 나가는 데 있지 않다.
가장 위대함은 당신이 과거의 당신보다
앞서 나가는 데 있다.

_인도 속담

그래, 나는 더 잘할 수 있어!

누구에게나 경쟁심이 있다. 나도 마찬가지다. 책에서든 아니면 인터넷에서든 좋은 글을 접하고 나면 내 마음의 변화가 서서히 찾아온다. 처음에는 일단 마음이 참으로 행복해진다.

"야, 정말 멋진 글이네."

마치 입 안에서 달짝지근한 초콜릿이 스르르 녹는 기분이랄까.

119

그러나 그 행복한 기분은 그리 오래 가지 않는다. 초콜릿의 단맛은 금세 사라지고 경쟁심이 불타오른다.

"그래, 나는 이 글보다 훨씬 더 잘 쓸 수 있어."

좋은 글을 접한 날에는 여느 때보다 더더욱 글쓰기에 열중한다. 잠을 자다가 꿈속에서도 그 경쟁심이 발동했는지 이른 새벽에 눈을 떠서 컴퓨터를 켜고 글을 쓴다. 그렇게 창가에 드리우는 시원한 새벽바람을 맞으며 미친 듯이 쓰고 나면 다소 문장이 거칠지만 그래도 꽤 괜찮은 글이 탄생한다. 그 글을 보며 나는 행복해한다. 경쟁심이 내 마음을 흔들어놓았지만 결과적으로는 내 글이 발전하는 계기를 준 것이다.

미국의 20대 대통령 가필드도 경쟁심이 강한 사람이다. 대학교 시절, 그와 같은 반에 수학 성적이 매우 뛰어난 학생이 있었다.

남에게 뒤지기 싫어하는 가필드는 그를 따라잡으려고 열심히 노력했다. 그러나 아무리 노력을 해도 그 학생을 따라잡을 수가 없었다.

"이렇게 열심히 하는데 왜 내가 이길 수 없지?"

가필드는 그 학생을 유심히 관찰했다. 그리고 아주 특별한 비밀 하나를 알아냈다. 그 친구 방의 불이 항상 자기 방보다 10분 나중에 꺼진다는 것이었다.

그 뒤로 가필드는 그 친구보다 10분 더 공부하고 나서 잠을 청했다. 그 결과, 가필드는 그 친구보다 더 좋은 성적을 받을 수 있었다.

강한 승부욕은 때론 라이벌 의식을 뛰어넘어 내가 한 걸음 더 발전하고 더 위대해지는 좋은 밑거름이 되곤 한다.

라이벌 의식을 간직하는 사람에겐 꿈이 있다

라이벌 의식을 늘 품고 살면서 꿈을 이룬 젊은이가 있다.

춤이면 춤, 연기면 연기, 몸매면 몸매. 뭐 하나 빠지지 않는 그야말로 만능 연예인인 바로 '비'다. 비의 인기는 아시아를 넘어 지금 세계의 중심으로 향하고 있다. 《타임》지가 '올해의 인물 100인'으로 가수 비를 선정하지 않았던가. 비가 세계의 중심에 설 수 있었던 이유는 수없이 많겠지만 그에게 강한 승부욕을 불러일으킨 라이벌이 존재했던 것도 큰 이유라 할 수 있다.

한 언론과의 인터뷰에서 기자가 물었다.

"지금은 세계적인 스타가 되었지만 비 군도 분명 무명 시절이 있었을 겁니다. 그때 당시, 혹시 누구를 라이벌이라고 생각하며 연습을 했습니까?"

비는 쑥스러운 듯 미소 지으며 그러나 자신감 넘치는 말투로 말했다.

"연습실에서 춤과 노래를 연습하면서 나는 마음속으로 늘 그를 이기고 싶었습니다."

"그러니요? 그가 누구죠?"

"웃지 마십시오."

121

비가 뜸을 들이자 기자는 더더욱 궁금했다.

"그가 누구죠?"

비는 빙그레 웃으며 말했다.

"이기고 싶었던 사람은 바로 마이클 잭슨이었습니다."

비는 자신의 라이벌을 마이클 잭슨이라고 지목했다. 사실, 아직 알려지지도 않은 가수 준비생이었던 그가 세계 최고의 팝 황제인 마이클 잭슨을 라이벌로 생각했다는 건 당차기도 하지만 좀 건방져 보일 수도 있다. 하지만 그에게 마이클 잭슨이라는 라이벌은 자신의 인생 목표를 정하는 데 큰 영향을 미쳤고 그 꿈을 이루는 데 확실한 촉매제가 되었다.

누구나 다 성공을 원한다. 그러나 성공으로 가는 길은 참으로 막연하다. 그 막연함을 덜어주는 것이 바로 라이벌이다. 자기보다 더 나은 사람을 목표로 그 사람이 걸어갔던 길을 따라가면 된다. 그러면 언젠가는 그와 닮아갈 것이고 또한 그를 뛰어넘을 날이 올 것이다. 라이벌이 있다는 건 꿈이 있다는 것이다. 라이벌을 만들면 일단 이기고자 하는 경쟁력이 불타오르고 새로운 목표가 생겨난다. 그래서 하는 일에 집중력이 생겨 보다 쉽게 목표를 달성할 수도 있다. 어찌 됐든 비는 지금 마이클 잭슨과 같은 길을 가고 있고 그와 많이 닮아가고 있다.

공멸이 아니라 공존으로

맞수나 호적수를 뜻하는 라이벌rival의 어원은 강river에서 유래되었다고 한다.

"이 강은 우리 마을의 강이오."

"무슨 소리! 이 강은 우리 마을 소유요."

강을 중심에 두고 마주보고 있던 두 마을은 강의 소유권을 놓고 매일 으르렁거렸다. 흐르는 강을 나눠 마시고 함께 물고기로 잡으며 우애를 다지면 좋으련만 한 치의 양보도 없이 그 강을 차지하려다 충돌하고 반목한다. 사실 강이 마르거나 오염되면 둘 다 죽기 때문에 함께 강을 지키고 사이좋게 나누는 것이 좋다. 라이벌은 경쟁자이면서 동시에 협력자니까 말이다.

어느 지방에서 매년 호박 품종 대회가 열린다.

"크기도 크고 맛도 또한 굉장히 좋습니다. 이 호박을 최고의 품종으로 선정합니다."

수많은 참가자 중에 한 농부가 내놓은 호박 품종이 뛰어나 최우수상을 받았다.

그런데 그 농부는 자신의 종자를 대회에 참가한 다른 농부들에게 공짜로 나눠주었다. 농부들은 그 종자를 받으며 기뻐했다.

"이제 우리도 이처럼 크고 맛도 좋은 호박을 얻을 수 있겠군."

한 농부가 최우수상을 받은 농부에게 물었다.

"오랜 시간과 노력 끝에 품종 개량에 성공했을 텐데, 이 좋은 종

123

자를 우리에게 나눠줘도 됩니까? 아깝지 않나요?"

그러자 최우수상을 받은 농부는 미소 지으며 말했다.

"물론 아깝다는 생각도 들지요. 하지만 크게 생각하면 나를 위한 일이기도 합니다. 생각해보세요. 꿀벌이 꽃가루를 전하는 과정에서 당신네들의 열등한 품종의 꽃가루가 내 품종을 오염시키면 어떡합니까? 그러니 함께 나누는 것이 더 현명한 방법입니다. 그래야 제가 더 좋은 품종 개량에 전심전력을 다 할 수 있죠."

고도의 윈윈 전략

라이벌 관계라 함은 서로에게 장애나 걸림돌이 되기도 하고 득得보다는 실失이 많을 것 같지만 크게 생각해보면 결국 둘에게 이득이 되는 관계이다.

1970, 80년대 한국 가요를 주름잡았던 두 거성, 나훈아와 남진의 경우도 그랬다. 도시적이고 세련된 남진 팬과 거칠면서 야무진 나훈아의 팬으로 나뉠 만큼 그 시절의 열정은 대단했다. 나훈아와 남진 간의 신경전도 있었고 팬들 간의 갈등도 적지 않았다. 또한 젊은 층으로부터 큰 인기를 얻었던 〈경아〉의 박혜성과 〈스잔〉의 김승진도 라이벌이었다. 롤러스케이트장에서는 늘 두 가수의 노래가 번갈아 나올 정도로 둘의 경쟁은 치열했다. 어쨌든 그 라이벌 관계가 둘의 경쟁력을 높였고 우상화에 일조한 게 사실이다.

요즘 TV에서 보면 라이벌의 긍정적인 측면을 잘 활용하는 두 사람이 눈에 띈다. 바로 가수 송대관과 태진아다.

TV에 등장하는 둘은 만나기만 하면 상대방을 헐뜯고 무시한다. 그런 재미난 설정을 통해 시청자들은 즐거워하고 어느 순간부터 혼자 있을 때보다 그 둘이 같이 있는 게 더 자연스럽게 느껴진다. 두 사람은 공동 콘서트를 하면서 서로에게 도움을 주는 단계에까지 이르렀다. 라이벌 관계를 윈윈Win-Win 전략으로 잘 활용하고 있는 셈이다.

경쟁만 하고 협력하지 않으면 결국 서로의 마음에 생채기를 내고 공존이 아닌 공멸의 길로 가고 말 것이다.

삼성을 세계적인 기업으로 키운 이건희 회장도 현대 그룹 회장이었던 정주영 씨 장례식장에서 이렇게 말한 바 있다.

"현대란 라이벌이 있어서 삼성이 이렇게 클 수 있었다."

이처럼 인생의 라이벌이 있다는 건 분명한 발전요소다. 현재에 만족하고 정체된 자신을 되돌아보게 하고 나태해진 자신에게 다시금 타오를 수 있는 열정의 힘과 의지를 자극한다.

다시 말해 라이벌은 삶에 있어서 반드시 필요한 유익한 존재다. 라이벌이 없다는 건 꿈이 없다는 것이고, 동반자가 없다는 것이고, 안일한 현실에 빠진 나를 일으켜 세울 변화와 자극의 요소가 없다는 것이다.

결국 이겨야 할 대상은 라이벌이 아니라 자기 자신이다

비킬라 아베베는 마라톤 선수이며 양궁 선수이며 또한 탁구 선수이기도 하다. 그가 위대한 이유는 만능 스포츠 선수였기 때문이 아니라 인생 최대의 라이벌을 이겨냈기 때문이다.

그는 1960년 로마 올림픽에 이어 4년 후 도쿄 올림픽에서 연거푸 마라톤 금메달을 목에 걸었다. 또 한 번의 금메달을 거머쥐기 위해 연습하던 중 교통사고를 당하고 말았다.

"오, 신이시여. 왜 이런 시련을 주십니까?"

그는 하반신 마비의 중증 장애인이 되었다. 당연히 마라톤 금메달은 멀어진 듯했다. 그러나 그는 포기하지 않았다. 그는 장애인 올림픽의 전신인 '스토크 맨더빌 게임스'에 출전해 양궁에 이어 탁구까지 우승을 했다. 그는 인생 최대의 라이벌인 바로 '자기 자신'을 이겨낸 것이다.

잉글랜드 프리미어리그 토트넘에서 맹활약을 하고 있는 이영표 선수의 경우도 마찬가지다. 그 자리에 오르기까지 참으로 많은 노력을 해왔지만 그 자리를 지키기 위해선 더 많은 노력을 하고 있다. 그러기에 늘 연습을 게을리 하지 않는다. 또한 그는 경쟁의 참맛을 즐길 줄 아는 현명한 선수다.

한 언론과의 인터뷰에서 그는 이렇게 말했다.

"경쟁자가 없다는 것도 자신한테는 큰 도움이 되지 않습니다. 긴장하고 발전할 기회가 없어지는 것이 아니겠어요. 상대를 의식하고 부담스러워하기보다는 결국 자신의 몫만 제대로 다 하면 해결되는 문제라고 생각합니다."

그렇다. 남을 이기겠다는 생각에 앞서 일단 자기 자신을 이기겠다고 마음먹어라. 자기 자신을 이긴 사람은 자연스럽게 남도 이길 수 있다. 자기 자신을 이기는 사람이, 한계의 옷을 과감히 벗어던지고 새로운 나를 만나는 사람이 진짜 승리자다.

정체된 나를 용서해선 안 된다. 만족하지 못하는 내가 되어야 한다. 그래야 인생의 목표가 생기고 마침내 성취의 단맛도 느낄 수 있을 것이다.

Think more deeply

경쟁자를 이기는 길은 경쟁자보다 더 빨리 실패하고 그 실패를 더 빠르게 만회하는 것에 있다. 아울러 자신의 한계를 통해 나 자신을 이기는 것이다. 링컨과 톰 피터스는 경쟁과 실패의 관계를 이렇게 말했다.

실수를 범하지 않고 있다면,

위험을 무릅쓰지 않고 있다는 것이고,

아무런 목표도 이루지 못하고 있다는 뜻이다.

핵심은 경쟁자보다 더 빨리 실수를 저지르는 것이다.

그러면 교훈을 배우고 승리를 거둘 기회가 더 많아질 것이다.

_에이브러험 링컨

*

놀랍게도 경제의 가장 밝은 지표는 실패의 증가이다.

우리가 국민 총 실패율을 높일 수 없다면 우리는 매우 어려운 상태에 있다고 말하는 것이 옳다.

_톰 피터스

:: 3부

마음을 열어야
세상이 열린다

11 씨앗의 법칙 :

씨앗 한 톨 안에 거대한 숲이 있다는 걸 알아라

조그마한 것이라도 여럿이 모이면 완성을 가져온다.
하지만 그 완성은 이미 결코 조그마한 것이 아니다.

_미켈란젤로

작은 것으로 호기심을 유발하여 위대함으로 결말을 내라

나는 2000년도 한국일보 신춘문예로 등단한 이후 계속해서 글을 쓰고 있는데, 간혹 글에 관심이 많은 이들이 나에게 이런 질문을 한다.

"첫 번째 응모해서 당당히 신춘문예에 당선되셨다면서요? 사법고시보다 더 어렵다는 신춘문예에 어떻게 당선되셨어요? 어떤 노하우라도 있나요?"

그런 질문을 받을 때마다 나는 그저 웃어넘겼다.

"그냥 운이죠 뭐. 별거 있나요."

그런데 어디를 가든 같은 질문을 받게 되었다. 언제까지 운이라고 말할 수도 없는 노릇이었다. 내게 그런 질문을 하는 사람들은 나의 대답에서 뭐 하나라도 건질 것이 없을까 하는 마음으로 질문을 하는데, 내가 성의 없고 싱겁게 대답을 하는 건 질문한 사람들에게 실례가 될 거라는 생각이 들었다. 또한 나 자신도 왜 내 작품이 당선이 되었는지가 궁금했다. 그래서 나는 신춘문예 당선작인 〈행복한 선인장〉을 다시 한 번 읽어보았다.

내 입으로 말하기가 좀 쑥스럽지만 나는 읽는 내내 눈을 뗄 수 없었다. 문장 하나하나가 살아 있는 듯했고 무엇보다도 다음 장면이 궁금했다. 그 작은 궁금증이 계속해서 글을 읽게 만들었고 결국 끝 장면까지 읽어 내려갔다.

나는 내 나름대로 당선 노하우의 결론을 내렸다.

"작은 것으로 호기심을 유발하여 위대함으로 결말을 내라!"

〈행복한 선인장〉은 희곡 작품인데 나의 노하우를 말하기 전에 일단 작품의 이해가 필요할 것 같아 대략 도입 부분의 스토리를 전한다.

한 남자가 자장면을 시켜 먹었다. 그런데 며칠이 지나도록 자장면 그릇을 찾아가지 않는 것이다. 여기서부터 극이 시작된다. 그 남자는 파리떼가 우글거리는 자장면 그릇을 바라보며 독백을 내뱉는다.

"왜 그릇을 찾아가지 않는 거야. 자장면 배달부마저 나의 존재를 잊어버린 게 분명해. 나는 세상에 없는 사람인가?"

찾아가지 않는 자장면 그릇을 보며 그는 자신의 존재가 잊혀져가고 있음을 느낀다.

도입 부분에서 자장면 그릇을 통해 부재감을 끌어낸 것으로 일단 심사위원들의 호기심을 자극했다. 그래서 심사위원들에게 끝까지 내 작품을 읽게끔 만들었다. 물론 이야기의 마지막 부분에는 자장면 그릇에 숨겨져 있던 큰 사건이 등장한다. '광주민주화운동'이라는 역사적인 사건으로 대반전을 이루고 이야기는 끝이 난다.

나의 노하우는 앞서 말한 것처럼 이렇다. 작은 것으로부터 시작해서 위대함으로 끝나는 것! 그게 바로 신춘문예에 당선할 수 있는 비법이다. 처음부터 거창했다면 아마도 좀 싱거운 느낌이 들었을 것이다. 너무나 작은 것에 의미와 철학을 심었기에 더 큰 기대감을 낳은 것이다.

바다도 결국 작은 냇가에서 시작된다

우리는 작은 것에 주목해야 한다. 작은 시작에 신중해야 하고 관심을 가져야 한다. 작다고 해서 보잘것없거나 하찮은 것이 아니다. 작아 보일지라도 그 안에는 이미 위대함이 담겨 있다. 작은 불씨 하나하나가 모여 큰 불이 되고 작은 도토리가 모여 큰 상수리나무 숲을 이루지 않는가. 작은 것 하나는 작은 것 하나가 아니다. 그 안에 수백, 수천 개의 위대함이 있다는 걸 알아야 하고 또한 우리 스스로 그것을 발견해낼 줄 아는 눈과 열정을 가져야 한다.

성공을 원하는 사람이라면 작은 것에 충실하고 소중히 여길 줄 알아야 한다. 누구나 다 훌륭한 사람, 위대한 사람이 되길 원한다. 그러나 천릿길도 한 걸음부터라는 속담처럼 성급하면 안 된다. 누구나 처음은 작고 초라하다. 그러나 그 속에서도 최선을 다하고 성실하면 분명 좋은 일이 생기기 마련이다.

한 청년이 있었다. 대학을 졸업한 그는 직장을 구하기 위해 백방으로 돌아다녔지만 그럴싸한 직장을 구하지 못했다. 그러다 간신히 직장 하나를 얻을 수 있었다. 뉴욕박물관의 임시직 사원이었다. 비록 임시직이지만 그래도 만족했다. 평소 고고학에 관심이 많았기 때문이다. 그는 남보다 일찍 출근했다. 그리고 땀을 뻘뻘 흘리며 매일 박물관의 마룻바닥을 닦았다.

어느 날, 박물관 관장이 그에게 다가와 말했다.

"수고가 많구먼. 그런데 자네, 이런 생각 안 드나? '대학교육까지 마쳤는데 박물관 바닥이나 닦고 있다니 지금 내가 뭘 하는 거지?' 그런 생각 말이야. 늘 활짝 웃는 얼굴로 바닥을 닦는 걸 보니 참으로 대견해서 하는 말일세."

"전 지금 제 자신의 모습이 한심하거나 부끄럽다고 생각한 적이 없습니다. 이곳은 제가 좋아하는 박물관의 마룻바닥입니다. 나의 땀방울이 분명 고고학의 발전에 도움이 된다고 생각합니다. 그러니 주어진 일에 최선을 다해야죠."

그는 성실성을 인정받아 몇 달 후 정식 직원으로 승격됐다. 그가 바로 훗날 뉴욕박물관의 관장이 된 고래학자 앤드루스 박사다.

자신이 하는 일이나 주어진 일이 작다고 그 일을 소홀히 한다면 그건 스스로 큰일을 할 수 없다고 말하는 것과 같다. 작고 하찮은 일이라도 그 일에 열정을 쏟고 최선을 다해야 한다. 그런 모습을 보일 때 사람들은 당신을 인정해주고 당신에게 믿음을 갖게 된다. 작은 구름들이 모여 큰 구름이 되고 비를 만들어내듯, 길섶에 핀 작은 꽃이 세상을 아름답게 만들 듯, 샛강이 모여 드넓은 바다를 이루듯, 소중한 작은 것들이 결국은 위대함을 만드는 것이다.

영국이 낳은 문호 칼라일이 일찍이 다음과 같은 말을 한 적이 있다.

"그대가 하는 일이 미천하다고 낙심치 마라. 그대가 하는 일은 하느님께서 그대에게만 맡기신 가장 중요한 일이다. 집안을 정리하는 단순한 일일지라도 마음먹고 그 일을 잘하라. 만일 그대의 책임의 범위가 넓고 관계되는 일이 많으면 더욱 그리하여야 할 것이다. 만일 그대에게 부모와 처자와 형제와 자매가 있으면 그들에 대한 그대의 책임이 얼마나 큰 것인지 기억하고 그들로 하여금 실망케 말지어다. 우리가 최선을 다하는 것은 곧 세상의 여러 가지 불행이 생기지 않게 하는 최선의 방법이다."

진심의 힘은 작은 것도 크게 만든다

리더십과 인생경영, 자기 발견에 대한 세계적인 전문가로 손꼽히는 로빈 S. 샤르마도 자신의 저서《내가 죽을 때 누가 울어줄까》에서 이렇게 말했다.

"위대한 행동이라는 것은 없습니다. 위대한 사랑으로 행한 작은 행동들이 있을 뿐입니다."

사람들은 큰 것보다는 아주 작은 것에 감동받곤 한다. 아주 작아도 그 안에 진심이 담겨 있다면 말이다.

한 마을에 네 사람이 분식점을 열었다. 네 사람은 자기 분식점이 최고의 맛을 낸다고 나름대로 열심히 홍보를 했다.

한 사람이 먼저 '우리나라에서 최고로 맛있는 집'이라고 간판을 내걸었다. 그러자 다른 한 사람은 그보다 더 욕심을 냈다. 그 사람은 뒤질세라 '세계에서 가장 맛있는 집'이라고 간판을 내걸었다. 세 번째 사람도 가만히 있을 수만은 없었다. 그는 '우주에서 가장 맛있는 집'이라고 간판을 내걸었다. 그러나 네 번째 사람은 달랐다. 크고 대단하게 보여주는 것보다 소박하지만 진심이 담긴 간판이 좋을 듯했다. 그래서 간판에 '우리 동네에서 맛 좋은 집'이라고 적었다. 그러자 마을 사람들은 모두 네 번째 분식집으로 몰렸다.

작은 것에 진심을 담으면 큰 것을 이길 수 있다. 사람들도 처음엔 크기의 차이로 선택하는 것 같지만 결국은 진심이 담긴 것인지 아닌지로 판단하기 마련이다.

작은 틈이 거대함을 무너뜨린다

이런 얘기는 수도 없이 들었을 것이다.

마라톤 대회에서 우승한 마라토너에게 그 먼 길을 오면서 가장 힘들었던 게 뭐냐고 물었다. 그러자 마라토너는 말한다.

"나를 가장 힘들게 한 건 가파른 길도 아니고 뜨거운 태양도 아니고 차가운 바람도 아니었습니다. 그건 바로 신발 속에 스며든 작은 모래 알갱이였습니다."

작은 것에서 위대함이 만들어지지만 반대로 위대함도 아주 작은 것 때문에 무너지고 만다.

홍수가 자주 나는 마을이 있었다. 마을사람들은 모여 대책을 세웠다. 홍수를 대비해서 높은 둑을 쌓기로 한 것이다.

마을사람들은 열심히 땀 흘려 일주일 만에 둑을 쌓았다. 그런데 한 노인이 둑 앞을 지나가다가 뭔가를 발견했다.

"어? 이게 뭐지? 개미굴이잖아. 이거 큰일이군."

노인은 마을사람들에게 둑이 무너질지도 모른다고 그 위험성을 알렸다.

"개미굴을 발견했소. 이러다가 둑이 무너질지도 모르오."

그러자 마을사람들은 콧방귀를 뀌며 노인의 말을 무시했다.

"어르신, 그깟 개미굴 가지고 뭐 그리 호들갑입니까?"

"그러게 말이에요. 개미굴이 커봤자 얼마나 크다고."

그날 밤, 거센 비바람이 몰아쳤다. 강은 범람했고 개미구멍으로 서서히 물이 스며들었다. 그리고 몇 분이 지나지 않아 그 구멍이 확장되어 분수처럼 물을 뿜어댔다.

"둑이 무너지고 있어! 어서 다들 피해!"

결국 둑은 처참하게 무너지고 마음사람들은 대피하는 소동이 벌어졌다. 몇 시간도 지나지 않아 집과 논은 물길에 휩싸였고 결국 마을 전체가 물바다가 되고 말았다.

작은 일이라고 대충대충 소홀히 넘어가면 결국은 큰일을 망치고 만다. 작은 일도 열심히 하고 완벽하게 끝내는 사람을 보면 우리는 믿음이 가고 그 실력을 인정하게 된다. 이처럼 작은 것은 중요하다. 작은 것으로부터 위대함이 완성되고 작은 것으로부터 위대함이 무너진다.

유리창을 깨뜨리지 말자

'깨진 유리창의 법칙'은 작은 것이 미치는 영향에 대해 제대로 설명해주고 있다.

1969년 스탠포드 대학의 심리학자 필립 짐바르도 교수는 다음과 같은 실험을 했다.

허름한 골목에 두 대의 자동차를 보닛을 열어놓은 채 방치해두었다. 그런데 한 대는 보닛을 열어놓고 창문을 조금 깨뜨린 채 두고, 다른 자동차는 그냥 보닛만 열어놓았다. 유리창을 조금 깨놓은 것 외에는 별다른 차이점이 없었다. 그런데 놀라운 결과가 일어났다. 유리창을 깬 상태로 놓아둔 자동차는 10분 만에 배터리가 없어지고 곧 타이어도 없어졌다. 그리고 시간이 지날수록 유리창은 더 많이 깨져 있었고 자동차 여기저기 낙서투성이에 파괴된 곳도 많았다. 결국 고철로 변하고 말았다. 그러나 다른 차는 일주일 후에도 보존 상태가 그대로였다.

작은 것이 결국 큰 것을 망치게 된다는 것이다. 우리가 버리는 쓰레기 하나가 어쩌면 이 사회를 더럽고 지저분하게 만드는지 모른다. 전봇대 아래에 쓰레기가 놓여 있으면 사람들은 별 죄책감 없이 그 전봇대 아래에 쓰레기를 놓게 된다. 그러나 전봇대가 깨끗하다면 그곳에 쓰레기를 버리기가 망설여진다. 하나의 잘못으로 인해 모든 것을 망치는 실수는 범하지 말아야하겠다.

작은 것은 참으로 중요하다. 사실 싸움도 아주 작은 것으로부터 시작된다. 감동도 마찬가지다. 큰 선물도 감동적이겠지만 아주 작은 선물이 때론 몇 배로 더 감동적일 때가 있다. 작은 것은 절대로 작은 게 아니다. 인생의 목표도 마찬가지인 것 같다. 큰 성공을 위해서는 큰 목표가 있어야 하겠지만 자칫 목표가 너무나 커서 허황된 꿈으로 변질될 우려가 있다. 그러기에 작은 목표를 세우는 것도 중요하다. 일 년 안에 내가 뭘 하겠다는 것보다 오늘 하루 내가 이

일을 해내고 말겠다는 짧고 강한 목표가 결국 인생의 큰 성공을 부르는 디딤돌이 된다. 작은 것, 하찮은 것, 사소한 것을 더 사랑하자. 그리고 그 소중함 또한 알자. 그게 기나긴 인생을 제대로 사는 것이고 제대로 내 것이 되는 것이다.

포크 가수 손병휘가 부르는 노래 〈작은 것이 아름답다〉의 가사가 참으로 와 닿는다. 작은 것에 대한 우리의 마음, 우리의 자세, 우리의 다짐을 새롭게 한다,

이른 아침 길가에 피어 있는 제비꽃
그것으로 충분하지, 작은 것이 아름답지
정다운 이와 더불어 나누는 작은 밥상
그것으로 충분하지, 작은 것이 아름답지
작은 것을 사랑할 때 그만큼 소중하고
작은 것에 기뻐할 때 그만큼 풍요해지지
작은 꽃
작은 밥상
작은 노래
작은 사랑
그것으로 충분하지, 작은 것이 아름답지

기타 하나 들고서 부르는 작은 노래
그것으로 충분하지, 작은 것이 아름답지
힘겨운 이에게 남몰래 내미는 작은 손
그것으로 충분하지, 작은 것이 아름답지
작은 것을 사랑할 때 그만큼 소중하고

Think more deeply

작은 것에 기뻐할 때 그만큼 풍요해지지
작은 꽃
작은 밥상
작은 노래
작은 사랑
그것으로 충분하지, 작은 것이 아름답지.

12 인간관계의 법칙 :
사람과 사람 사이에 교각을 지어라

예절과 타인에 대한 배려는
동전을 투자하여 지폐로 돌려받는 것과 같다.

_토머스 소웰

하모니가 아름답다, 힘을 모으자

옛말에 '줄탁동기'라는 말이 있다. 알 속의 아기 새가 세상에 나오기 위해 알의 벽을 '톡톡' 두드리면 어미 새가 밖에서 이에 화답해 같이 '탁탁' 두드려준다. 그래야 아기 새가 알을 깨고 세상에 나올 수 있다. 혼자의 힘보다는 때론 둘의 힘, 아니 여럿의 하모니가 큰 힘을 발휘하고 아름답게 느껴진다.

2002년 한국 축구를 세계 4강에 올려놓은 히딩크 감독의 일이다. 그는 선수 개인의 능력보다도 팀워크를 특히 중요시했다.

"어어, 저러면 안 돼! 도대체 뭐하는 거야!"

벤치에서 축구 경기를 지켜보던 히딩크 감독이 버럭 화를 내며 자리에서 일어났다.

그리고 화가 가시지 않았는지 코치에게 큰소리로 말했다.

"박 코치, 지금 저 선수 뭐하는 행동이야! 이건 아니야!"

히딩크 감독이 화를 낸 이유는 골키퍼가 경기 중 돌출행동을 했기 때문이다.

골키퍼가 직접 공을 몰고 하프라인까지 나왔다가 상대편 선수에게 공을 뺏기는 바람에 실점을 당할 뻔했던 것이다.

경기가 끝난 후, 한 기자가 히딩크 감독에게 물었다.

"감독님, 아까 왜 그렇게 화를 내셨습니까?"

그러자 히딩크 감독은 강한 어조로 말했다.

"그런 돌출행동으로 인해 자칫 다른 나라에서 우리 팀을 볼 때 준비가 안 된 팀으로 여길까봐 화가 났던 것입니다. 제 생각은 이렇습니다. 저는 튀는 한 사람을 원하지 않습니다. 물론 축구에서 개개인의 능력도 중요하죠. 하지만 그보다 더 중요한 건 바로 팀워크입니다. 탄탄한 팀워크만 있다면 불가능이란 없습니다."

히딩크 감독은 그 뒤로 팀워크 향상에 훈련을 집중하였고 마침내 우리나라 대표팀은 2002년 4강 신화를 이뤄냈다.

혼자의 실력도 중요하겠지만 동료나 상사와 반목하지 않고 그들과 힘을 합하면 더 큰 성과를 얻게 된다는 걸 잊지 말아야 한다.

사회생활에서 가장 중요한 것은 NQ(공존지수)

최근 온라인 취업 사이트 '사람인'이 직장인 711명을 대상으로 "사회에서 성공하기 위해서 가장 필요한 지수는 무엇이라고 생각하십니까?"라는 설문을 진행했다. 그 결과는 다음과 같다.

최고 수치는 32.9%가 나온 NQ공존지수였다. 그 다음이 SQ사회성지수 27.4%, PQ열정지수 15.5%, CQ창조성지수 9.3% 등의 순이었다.

직장인들은 사회에서 성공하기 위해 가장 필요한 지수를 공존지수라고 생각한 것이다. 이처럼 사람과 사람의 관계는 사회생활의 승패를 좌우할 만큼 중요한 요소다. 따지고 보면 사회생활에서만 그런 게 아니다. 가족 간에도 친구 간에도 마찬가지다. 자기 위주보다는 타인 위주 그리고 타인과의 조화가 곧 성공적인 인생으로 이끄는 밑거름이 된다.

공존지수의 출발점은 바로 타인들과의 '조화'에 있다.

오케스트라가 아름다운 선율을 내기 위해선 각자가 맡은 악기에 충실해야 할뿐더러 다른 악기들과 조화를 이루는 것이 무엇보다 중요하다. 남보다 앞서 나가서도 뒤처져도 안 된다. 같은 속도, 같은 마음, 같은 느낌으로 연주를 해야 최상의 오케스트라가 될 수 있는 것이다.

'조화스러운' 영화 한 편이 있다. 바로 몇 해 전 각종 영화제에서 상을 휩쓸었던 영화 〈왕의 남자〉다.

감우성, 정진영, 강성연, 이준기 등이 출연했다. 〈왕의 남자〉에는 그 당시, 눈에 띄는 메가톤급 톱스타가 나오지 않았다. 물론 이 배우들을 평가절하하려는 건 아니다. 여하튼 이 배우들은 그해 천만 명이라는 놀라운 수치의 관객 동원을 했다. 그토록 흥행할 수 있었던 이유는 뭘까? 탄탄한 시나리오도 좋았지만 무엇보다도 배우 상호 간의 절묘한 조화가 큰 몫을 했다. 누구 하나 튀려고 하지 않았고 또한 누구 하나 연기력이 부족한 배우도 없었다. 만약 톱스타를 이 영화에 기용했다면 아마도 이처럼 흥행하지는 못했을 것이다. 관객의 시선이 톱스타로 몰리다 보면 조연들의 연기력이 퇴색하고 또한 톱스타 스스로도 부담감이 만만치 않아 자칫 연기의 균형감을 놓쳐버렸을지도 모른다.

조화를 이룬다는 것은 그리 쉬운 일이 아니다. 일단은 자신의 욕망이나 욕심을 자제할 수 있는 마음가짐을 갖춰야 한다. 또한 상대방의 재능이나 능력을 인정해줄 수 있는 넓은 아량도 갖춰야 한다. 내가 잘났다고 앞서려 한다든지 남을 무시한다면 절대로 조화로움은 이루어질 수 없다.

미국 코넬 대학교의 존슨 경영대학원에서, 앞으로 10년 안에 비즈니스 리더들에게 가장 중요하게 요구될 덕목 중 하나는 '타인에 대한 공감능력'이라고 발표한 적이 있다. 인간은 섬이 아니다. 결코 혼자서는 존재할 수 없고 조화를 이루며 살아야 하는 것이다. 그것이 절대 간과해서는 안 될 성공의 조건이다.

옷을 가장 잘 입는 사람은 조화롭게 입는 사람

일찍이 공자는 《논어》에서 이렇게 말한 바 있다.

公子. 君子 和而不同 小人 同而不和.

군자는 남과 조화를 이루되 자신의 주장이나 의견을 확실히 표현한다. 그러나 군자와 달리 소인은 남의 의견에 동조하는 듯 고개를 끄덕이나 돌아서면 상대의 의견에 딴지를 건다고 했다.

군자처럼 넉넉한 품성을 지녀야 사람들이 내 주위에 모이고 또한 나도 다른 누군가에게 스스럼없이 다가갈 수 있는 것이다.

인간관계에서 조화로운 삶에 대해, 세계적인 디자이너 조르지오 아르마니는 의상에 빗대어 이렇게 말했다.

"재킷에 어울리는 셔츠, 셔츠에 어울리는 타이, 슈트와 어울리는 구두, 구두와 맞는 양말, 이처럼 어느 하나 튀지 않지만 서로에게 잘 어울리는 조화로운 옷이 가장 멋진 사람을 만듭니다."

패션에만 조화가 필요한 걸까? 우리가 살아가는 이 사회에도 우리가 살아가야 할 인생에도 마찬가지다.

우리들은 참으로 회의를 많이 한다. 어느 모임에 가든지 회의 안건이 있고 그건 회사 생활에서도 마찬가지다. 모든 일이 회의에서 시작해 회의로 끝난다고 해도 과언이 아니다. 회의석상에도 분명 조화가 필요하다. 자신의 의견만 목에 핏줄을 세워가며 주장할 게 아니라 남의 의견도 존중해주고 경청할 줄 아는 자세가 필요하다. 내 의견만 옳다고 믿으면 자칫 독단과 독선에 빠질 우려가 있다. 타인의 의견과 맞서 논쟁이 되거나 싸움이 되면 일단 한 걸음 물러나야 한다. 내 것을 고집하고 싶거든 일단 상대방 것을 받아들여야 한다. 마음의 창문이 닫혀 있는 상태에서 아무리 주입시키려 강요해도 소용이 없다. 나도 낮추는 것이 조화의 기본이다. 낮추는 순간, 서로에 대한 오해의 벽도 갈등의 담장도 사라진다.

마음의 어항을 넓혀야 한다. 어항이 작으면 들어설 물고기도 없다. 어항은 깨버리고 바다와 같은 넓은 마음을 가져야 한다. 의견이 맞설 때는 한 걸음 물러나라. 쉽게 그 타협점을 찾을 수 있다. 그렇다고 모든 것을 적당히 타협하고 묻어가라는 말은 아니다. 회의석상에서 다른 사람의 의견에 동감합니다, 또는 의견이 없습니다라는 식으로 대답하는 것은 스스로 자신을 무능한 사람이라고 말하는 것과도 같다.

네 마음과 내 마음이 하나인 것처럼 공감하라

조화를 이루기 위해선 일단 사람들과 잘 어울려야 한다. 잘 어울리기 위해선 무리 없는 의견 교환도 있어야 하고 특히 서로 공감할 수 있는 부분을 찾아내는 게 중요하다. 공감共感이란 무엇인가? 남의 감정, 의견, 주장 따위에 대하여 자기도 그렇다고 느낌. 또는 그렇게 느끼는 기분을 말한다. 공감을 나눈다는 건 내 마음에 맞장구를 쳐주고 서로의 마음과 마음이 하나가 된다는 것이다. 공감을 나누는 것은 그야말로 조화를 이루기 위한 최고의 수준일 것이다.

이 시대 최고의 MC인 김제동은 방송활동을 하는 중에 간혹 대학에서 강의를 하기도 한다. 그의 입담이 장난이 아니기 때문에 강사로서도 꽤 인기가 많다. 어떤 사람이 그에게 강의를 잘하는 비법에 대해 물었다. 김제동은 대략 이렇게 말했다.

"비법요? 물론 비법이 있죠. 그건 바로 공감하는 얘깃거리를 만들어내는 것입니다. 아무리 달변가라고 해도 듣는 사람이 흥미가 없다면 또한 공감 가는 얘기를 하지 않는다면 그것은 공허한 울림이 될 뿐입니다."

그는 세상 사람들과의 공통된 이야깃거리를 찾기 위해 매일 다섯 종류의 신문을 본다고 한다. 그리고 신문이나 책 속에서 혹은 인터넷에서 좋은 글귀를 발견하면 수첩에 적어놓는다. 적어놓는 것도 모자라 소형 녹음기로 그때그때 떠오르는 것을 녹음하기까지 한다는 것이다.

한 예로 대학축제의 사회자로 나섰는데 총학생회장이 삭발을 한 채로 무대에 섰다. 그는 이미 왜 총학생회장이 삭발했는지를 파악하고 있었다. 등록금 인상 문제로 삭발을 한 것이다. 그는 총학생회장에게 이렇게 말했다.

"대자보 보니까 등록금 때문에 그런 모양인데 잘될 겁니다. 두

상이 참 예쁘네요."

어떻게든 자기와 함께하는 사람들과 공감을 나누기 위해 그는 노력을 한다. 그러기에 그와 함께한 사람들은 모두 다 그의 말에 귀를 기울이고 "그래, 저게 내 마음이야. 어쩌면 내 마음이랑 똑같지." 하고 고개를 끄덕인다.

유머는 마음을 열고 하나되게 한다

남들과 조화를 이뤄내고 공감을 끌어내기 위해선 '유머'만큼 효과적인 것은 없다. 사우스웨스트 항공의 전 회장인 허브 켈러허는 '유머 경영'으로 유명하다. 그는 직원과 함께 한마음 한뜻으로 일하고 싶었다. 그러나 그가 다가갈수록 직원들은 부담스러워했다. 그는 많이 속상했고 심지어 자신을 슬슬 피하는 직원들이 미웠다. 그러나 지난날, 자기 자신을 생각해보니 직원들의 심정을 이해할 수 있었다. 자기도 신입사원 때 아주 높은 직급의 상사와 대면하면 괜히 주눅이 들고 피하고 싶어지고 부담스러웠다. 순간, 그는 깨달았다. 직급 차이가 많이 나기 때문에, 나이 차이가 많이 나기 때문에 어쩔 수 없이 느껴지는 거리감이 있다는 것을.

그는 그런 거리감을 없애기로 마음먹었다. 직원들과 하나가 되고 공감을 나눠 조화를 이뤄야만 회사가 발전하고 고객들에게 최고의 서비스를 제공할 거라고 믿었기 때문이다. 그 믿음이 일단 그를 변화하게 만들었다.

직원들과 오찬 회의가 있던 날, 그는 점잖은 오찬석상에 엘비스 프레슬리 복장으로 나타났다. 직원들은 회장님의 독특한 출연에 깜짝 놀랐다. 그리고 곧이어 웃음을 터뜨렸다. 그것뿐이 아니었다. 토끼 분장을 하고는 회사 정문 앞에서 출근하는 직원들을 맞이했다. 직원들은 아침부터 박장대소하며 웃었다. 또한 그는 회사 청소원들과 함께 작업복을 입고 비행기를 청소하기도 했다.

그의 노력 끝에 직원들과 그는 하나가 될 수 있었다. 또한 공감과 조화라는 값진 가치도 얻을 수 있었다. 그 결과, 회사도 더욱 발전했고 고객에게 더 친근한 이미지로 다가가는 계기도 마련했다.

사람과 사람 사이에서 공감을 찾아낸다는 것, 또한 그 공감을 계속 이어간다는 건 그리 쉬운 일이 아니다. 일단 공통된 주제를 발견해야 하고, 서로에게 상처 주지 않고 마음을 이해할 수 있는 대화의 기술도 필요하고, 끝까지 함께 가고자 하는 마음가짐도 필요하다. 인간관계에 있어 누군가와 많은 공감을 나누고 있다면 그는 분명 행복한 사람이며 또한 발전 가능성이 다분한 사람이다. 혼자는 외롭고 둘은 즐겁고 셋이면 더더욱 즐겁다. 조금은 손해 보더라도 때론 여럿 중에 한 명으로 살아가는 법을 배워야 한다.

Think more deeply

소외당하기 쉬운 10가지 충고

1. 그가 없을 때 그를 비웃는다면,
2. 모든 대화에서 당신만 계속 말한다면,
3. 그가 말하고 있을 때 끼어들어 당신의 자랑을 시작한다면,
4. 당신의 생각과 다른 말을 할 때 그 사람의 말을 무시한다면,
5. 그의 관심보다는 당신의 관심에만 초점을 맞추어 말한다면,
6. 항상 상대보다는 당신이 더 중요하다고 느낀다면,
7. 그를 있으나마나 한 존재로 여긴다면,
8. 만나면 말로 싸워서 꼭 이긴다면,
9. 그의 단점을 지적하고 꼭 수정하게 한다면,
10. 다른 사람에게 당신의 잘못을 절대 사과하지 않는다면,

당신은 언제나 남들로부터 소외당하게 될 것이다.

13 진심의 법칙 :

진심은 견고한 벽도 뚫는다는 걸 알아라

삶이란 우리의 인생 앞에
어떤 일이 생기느냐에 따라
결정되는 것이 아니라,
우리가 어떤 태도를 취하느냐에 따라
결정되는 것이다.

_존 호머 밀스

마음을 주고받는 세계를 열어가자

어떤 이유인지는 모르지만 미움과 원망을 간직하며 사는 사람들
이 꽤 많다. 그것이 오래 가면 마음의 벽이 점점 더 견고해져서 나
중에는 망치로 내려쳐도 소용이 없게 된다.

더 이상 시간이 흐르면 안 된다. 어떻게라도 뒤엉킨 실타래를 풀어야 한다. 진심으로 다가가면 해결 못할 일이 없다. 아무리 큰 잘못이라도 용서가 된다. 그게 진심의 힘이고 사랑을 부르는 마법이다.

가족 간의 용서와 진심에 대해 예전에 동화 형식으로 쓴 글이 있어 소개한다.

오랜만에 경애는 친정집에 왔다.

"우리 경애 왔구나."

"예, 엄마."

"어서 오너라. 그동안 왜 그렇게 뜸했어?"

"일하느라고 바빴어요."

"그렇구나."

경애와 친정어머니는 마주앉아 오붓하게 이야기꽃을 피웠다.

그러다 갑자기 경애가 말을 멈추더니 심각한 얼굴을 했다. 무슨 할 말이라도 있는 듯했다.

"경애야, 왜 할 말이라도 있니?"

"……"

"괜찮아. 어서 말해봐. 뭔 일 있어?"

경애는 나지막한 목소리로 말했다.

"저 지혜한테 신장 한쪽을 떼어주기로 했어요."

경애의 말을 듣더니, 친정어머니는 두 눈이 휘둥그레졌다.

"뭐? 네, 네, 네가 왜 그 애한테…."

"엄마, 괜찮아요. 요즘은 의술이 발달해서 아무 탈도 없고 회복도 빠르데요."

"너 지금 그걸 말이라고 하니! 안 된다. 절대 안 된다. 네가 왜 그런 짓을 해. 절대로 안 돼!"

친정어머니는 고개를 내저으며 단호한 말투로 말했다.

경애도 물러서지 않았다.

"나밖에 없어요. 내 딸인데 내가 신장을 줘야지 누가 줘요?"

"네 딸? 그게 어떻게 네 딸이야? 네가 낳은 딸도 아니잖아."

"그런 말이 어디 있어요. 지혜가 제 딸이지 누구 딸이에요."

친정어머니는 가슴을 치며 말했다.

"네가 애 딸린 이혼한 남자랑 결혼한다고 할 때, 그때 내가 끝까지 말렸어야 했는데……. 결국 이렇게 되다니. 모두 다 내 탓이다. 내 탓이야."

"엄마, 왜 엄마 탓이에요. 그리고 괜찮다니까 그래요."

친정어머니는 길게 한숨을 내쉬며 말했다.

"내가 환장하고 미치겠다. 처녀가 애 딸린 이혼한 남자에게 시집간 것도 억울한데 그 딸내미 지혜가 하는 짓을 봐라. 결혼한 지 사 년이 지났어도 아직도 아줌마라고 부르고 눈길도 피하고 늘 소 닭 보듯 하잖니. 네가 왜 그 버릇장머리 없는 애한테 신장을 줘? 너는 속도 없어? 나는 네 생각만 하면 아직도 자다가도 벌떡벌떡 일어나.

너 싫어하고 미워하는 그 애한테 뭐하러!"

"지혜는 제 딸이에요. 가슴으로 낳은……."

경애는 끝내 말을 잇지 못했다.

친정어머니는 경애를 이해할 수 없는 듯 고개를 내저으며 큰소리를 쳤다.

"네 몸이니까 네가 알아서 해! 그리고 두 번 다시는 나 볼 생각하지 마! 보기 싫으니까 어서 가!"

결국, 그렇게 경애는 무거운 마음으로 친정집을 나오고 말았다.

그 후, 한 달 정도의 시간이 지났다. 오늘이 바로 수술을 하는 날이었다.

경애와 딸 지혜가 나란히 병원 침대에 누웠다.

의사 선생님은 둘을 안심시키기 위해 미소 지으며 말했다.

"지혜는 앞으로 투석 치료받지 않아도 되겠다. 좋지? 그리고 어머니도 금방 회복할 겁니다. 그러니 너무 걱정하지 마세요."

경애는 두려움도 있었지만 지혜 앞이라 차마 내색하지 않았다. 애써 미소 지으며 의사 선생님께 다시 한 번 부탁했다.

"선생님, 우리 지혜 잘 좀 부탁드립니다. 세상에 하나밖에 없는 제 사랑하는 딸이에요."

그 순간, 지혜의 눈 주위가 뜨거워졌다. 눈물이 왈칵, 쏟아지고 만 것이다.

그동안 못되게 굴었던 것이 너무나 미안했고 자기를 위해 신장을 내준 것이 너무나 고마웠다.

경애는 딸 지혜에게 미소 지으며 말했다.

"지혜야. 울면 어떻게 해? 수술할 사람이 마음 약해지면 안 되지. 지혜야, 우리 함께 파이팅하자! 자, 파이팅!"

경애는 주먹을 불끈 쥐며 지혜를 보면 외쳤다.

지혜는 이를 악물었다. 그리고 경애에게 손을 내밀었다. 경애는 지혜의 손을 꽉 잡았다.

지혜는 미소 지으며 말했다.

"그래요. 파이팅해요. 그리고 미안해요."

지혜는 잠시 머뭇거리더니 이내 말을 이었다.

"고마워요. 정말 고마워요. 어, 어, 어, 엄마."

엄마라는 말에 경애의 눈시울이 붉어졌다. 그러나 경애는 그저 미소만 보였다.

"미안하다니, 고맙다니, 그게 무슨 소리니? 엄마니까 당연한 일이지. 오히려 내가 고맙지. 이렇게 예쁜 딸을 난 공짜로 얻었잖아."

수술 시간이 가까워지자, 두 개의 침대가 수술실로 옮겨졌다.

그때였다. 꾸부정한 할머니 한 분이 수술실 쪽으로 다가왔다. 바로 경애의 친정어머니였다.

경애는 친정어머니를 발견하곤 침대에서 몸을 일으켰다.

"어, 어, 엄마~."

친정어머니는 경애의 손을 잡아주었다.

"그래, 경애야. 수술 잘 해라. 알았지?"

"예, 와줘서 고마워요."

친정어머니는 지혜의 손도 잡아주었다.

"우리, 손녀 딸. 수술 잘 받아라. 알았지?"

"예, 고마워요. 외할머니."

경애와 지혜가 두 손을 맞잡은 채 마침내 두 개의 침대는 수술실로 들어갔다. 그 모습이 애틋하면서도 참으로 아름다웠다.

마음을 주고받으면 그 무엇이 필요하겠는가. 진실한 마음만 있다면 아무리 높은 담장이라고 뛰어넘을 수 있고 아무리 넓은 강이라도 건널 수 있고 거센 폭풍우라도 뚫고 지나갈 수 있다. 사랑에 있어서 진심은 아주 큰 힘을 발휘한다. 사랑을 쟁취하기 위해 많은 재산, 좋은 직장 등 그럴싸한 조건을 갖추는 것도 중요하겠지만 가장 큰 힘은 바로 진심이다.

진심은 미녀의 마음도 흔들어놓는다

디즈니의 유명한 애니메이션 〈미녀와 야수〉에서도 알 수 있다. 아리따운 '벨'은 성에서 만난 야수를 보고 깜짝 놀란다. 흉측한 얼굴을 하고 있는 야수를 보고 겁에 질리지만 보면 볼수록 겁은 사라지고 그의 다른 면모가 눈에 띈다. 그건 바로 야수의 진심. 벨은 그의 진짜 마음을 통해 사랑을 느끼게 된다. 사랑을 하게 된다. 그리고 마침내 진심이 담긴 키스로 인해 야수는 마법이 풀리고 꽃미남 왕자로 변한다.

만약에 벨이 야수의 진심을 읽지 못하고 외모로만 판단했다면 아마도 그 둘의 사랑은 이루어지지 않고 하루하루가 고통의 시간이었을 것이다.

초상화를 전문으로 그리는 화가에게 나이 지긋한 남자가 찾아와 초상화를 의뢰했다.

화가는 남자의 머리 모양을 보고 물었다.

"왜 그렇게 왼쪽 머리만 길렀습니까?"

그러자 남자는 미소 지으며 말했다.

"연애 시절, 아내가 내 왼쪽 귀가 보기 싫다고 해서 이렇게 왼쪽 머리만 기른 거요."

화가는 고개를 끄덕였다. 그러나 곧 고개를 갸우뚱거리며 다시 물었다.

"제가 보기에 손님께선 꽤 나이가 있어 보이는데 이제는 왼쪽 머리를 자르셔도 될 것 같은데요."

그러자 남자는 고개를 저으며 말했다.

"내일모레면 내 나이 일흔이지만 우리 부부는 아직도 연애 시절 처럼 산답니다. 그래서 왼쪽 머리를 자를 수 없어요."

사랑과 결혼에 조건은 없어야 한다. 돈이나 명예, 권력이라는 조 건을 보고 결혼했다면 그 생활은 그리 오래 지속될 수 없다. 사랑 앞에는 조건이 없어야 한다. 오직 사랑만이 필요하다. 또한 사랑을 대체할 것은 없다. 사랑이 부족하거나 다 사라졌다면 다른 것으로 채우려 하지 말고 사랑의 처방전을 두 배로 늘려야 한다.

진심은 최고의 세일즈고 최고의 인맥이고 최고의 경쟁력!

사람의 마음을 설득하는 방법에는 여러 가지가 있을 것이다. 화려함으로 시선을 끌 수도 있고 아니면 기분 좋게 작은 선물을 줄 수도 있다. 하지만 무엇보다도 사람의 마음을 움직이는 기술 중에 가장 중요한 기본은 진심이다. 고객을 상대로 장사하는 사 람은 더더욱 이 진심이 중요할 것이다. 진심은 반드시 통하기 마 련이다.

4.5평의 작은 약국을 마산의 랜드마크로 만들어낸 무일푼 약사 출신 CEO 김성오. 그가 펴낸 《육일약국 갑시다》에 나오는 일화 한 토막이다.

김 대표의 고향 마산은 바닷가 도시다. 당연히 생선과 해물을 파는 어시장에서 생계를 어렵사리 꾸려가는 사람들도 많다. 그는 하루 종일 고단하게 생선을 팔다가 저녁 무렵 집으로 돌아가는 할머니들을 보면 곧잘 약국에서 뛰쳐나가 그들의 손을 잡았다.

"할매요~! 할매요~! 오늘 많이 팔았는교?"

"아이고, 박사님. 손 더럽심더."

"더럽긴요! 할매요, 글고 지는 박사 아니라 약삽니더. 박사 아니라예. 그런데 신경통은 좀 어떠신교?"

진심이 통하는 순간, 신분 고하를 막론하고 하나가 된다. 마음과 마음이 포개지면 그 사이에 무엇이 필요하겠는가. 진심은 최고의 세일즈고 최고의 인맥이고 최고의 경쟁력이다.

요즘은 세상이 하도 험하다 보니까, 자기 자신도 모르게 벽을 쌓고 산다. 또한 새로운 인연을 맺기가 두렵다.

그렇다고 언제까지 벽을 사이에 두고 사람을 만날 수는 없다. 남이 먼저 오지 않으면 내가 먼저 진심으로 다가가야 할 것이다. 그게 세상을 조금이나마 아름답게 만드는 길이며 내 마음이 평화로워지는 일이다.

안으로 안으로만 움츠러들지 말고 오늘은 먼저 이웃이나 동료에게 다가가보는 건 어떨까.

"안녕하세요."

"얼굴이 참 좋아 보이네요."

진심을 담은 말 한 마디, 그건 무더운 여름날에 한 입 베어 먹는 수박과도 같다.

예전에 지은 〈이 세상에서 가장 아름다운 사람〉을 소개하고자 한다.
사람 관계에 있어, 특히 연인이나 부부 사이에 있어 진심과 사랑 외에
그 무엇이 필요하겠는가.

근사한 카페에서 젊은 연인들이 마시는 커피보다
당신이 자판기에서 뽑아준 커피가
더 향기롭습니다.

술자리에서 피우는 담배보다
식사 후에 당신이 건네는
냉수 한 잔이 더 맛있습니다.

모피 코트를 입은 사모님보다
무릎이 튀어나온 츄리링을 입은 당신이
더 아름답습니다.

갈비찜을 잘 만드는 일류 요리사보다
라면을 푸짐하게 끓이는 당신이 더 위대합니다.

허리가 으스러지도록 껴안는 젊은 연인보다
오늘 하루도 수고하라며

Think more deeply

도시락을 내미는 당신의 손이 더 뜨겁습니다.

사랑한다는 말을 값싸게 내뱉는 사람보다
늘 머리를 긁적이며 미소를 짓는 당신이
더 영원합니다.

세상에서 가장 아름다운 사람은
바로 매일매일 나와 함께하는 당신입니다.

14 휴식의 법칙 :
잠시 세상을 잊고 여행 가방을 꾸려라

인생은 어차피 무거운 짐을 지고
먼 길을 가는 것과 같다.
그러니 서두를 필요가 없다.

_도쿠가와 이에야스

일 중독은 그만!—쉼표 없는 악보로 노래할 수는 없다

아무리 사랑하는 사람이라도 늘 함께 있다면 잦은 마찰이 일어난다. 세상을 바라는 보는 관점이나 생각이 늘 같을 수만은 없기 때문이다. 때론 조금의 간격이 필요하다. 그리워할 만큼의 간격 말이다.

고슴도치를 보라. 너무나 가까우면 서로에게 상처를 준다. 적당한 거리를 유지하며 사랑해야 그 사랑을 오래 지속할 수 있다.

거리를 두는 일, 사랑뿐만 아니라 모든 것이 마찬가지다. 하루 종일 공부만 한다고 생각해보라. 얼마나 지겨울 것인가. 아무리 재미있는 컴퓨터 게임도 며칠 동안 앉아서 그것만 한다면 질려서 나중에는 쳐다보고 싶지도 않을 것이다. 가끔 바람도 쐬고 가볍게 운동도 한다면 분명 질리지 않고 오래도록 즐길 수 있고 능률도 오를 것이다.

뭐든지 쉼이 필요하다. 열심히 사는 것도 중요하지만 자칫 쉼 없이 일을 하다 보면 몸도 망가지고 생각만큼 일의 능률도 오르지 않는다. 멈춰야 할 때 멈추고 쉬어야 할 때 미련 없이 쉬어야 한다.

이런 우스갯소리가 있다.

아주 노래를 잘하는 여가수가 있었다. 어느 날 연습실에서 노래 연습을 했는데, 다음 날 아침에 죽은 채로 발견되었다. 왜 그런 끔찍한 일이 벌어졌을까? 경찰들은 여가수가 죽은 이유를 다각도로 점검하고 추측했다. 아무리 애써도 죽음의 단서를 찾지 못했다. 그런데 신참 경찰 한 명이 여가수가 죽은 이유를 밝혀냈다. 여가수가 죽은 이유는 바로 악보 때문이었다. 악보를 자세히 들여다보니 쉼표가 하나도 없었던 것이다. 쉼표가 없는 악보로 노래 연습을 하다 그만 숨이 차서 죽은 것이다.

여유가 없는 삶은 오래가지 못한다. 질 좋은 삶이라고 할 수도 없다. 한 연구보고서에 의하면 4개월 동안 매주 3회 이상 '하루 한 시간씩 산책을 한 사람'과 '아무런 운동도 하지 않고 일만 한 사람'

을 대상으로 사물에 대한 반응검사를 실시했다고 한다. 그 결과 산책을 했던 사람들이 사물에 대한 관찰력, 기억력 등에서 월등하게 뛰어난 능력을 보였다. 이처럼 휴식은 육체적인 안정뿐만 아니라 정신적으로도 큰 도움이 된다.

나만의 비밀스러운 장소를 만들자

나는 나만의 장소가 있다. 카피라이터라는 직업을 접고 작가의 길로 들어설 때, 참으로 많은 갈등이 있었다. 가장 큰 문제는 먹고 사는 문제다. 과연 글 쓰면서 밥은 먹고살 수 있을까. 고민은 꼬리에 꼬리를 물어 몇 달을 갔다. 그러다 더 이상 늦출 수 없어서 결단을 내리기 위해 나만의 장소를 찾았다. 결단을 내릴 나만의 조용한 장소 말이다.

어느 날, 나는 훌쩍 그곳으로 떠났다. 서울에서는 꽤 먼 곳이지만 예전에 전주에서 살 때는 그래도 가까운 곳이었다. 망해사. 전북 김제에 위치한 아담한 절인데 그곳에 가면 참으로 마음이 편안해지고 고요해진다. 이미 다녀온 사람도 있는지 모르겠지만, 간단히 소개하자면 손바닥만 한 아주 작은 절이다. 아미타불을 모신 극락전과 비구니 몇 분이 기거한다는 낙서전, 그리고 주위에 나무 한 그루가 전부다.

그런데 이 절이 특별한 것은 절과 바다가 맞닿아 있는 점이다. 절에서 내려다보면 서해바다가 바로 눈앞에 펼쳐져 있다. 갈매기

166

가 손짓 한다고 자칫 손을 뻗었다가는 바다에 빠질지도 모를 정도로 바다가 가깝다.

연애 시절에 망해사에 자주 와서 그런지 그곳에 갈 때마다 풋풋한 그리움이 묻어난다. 내 인생에서 가장 아름답고 행복했던 시절이 고스란히 젖어 있는 그곳에 서서 한참 동안 나는 서해의 낙조를 바라보았다. 그리고 작가의 길로 가기로 최종 결정을 했다. 모든 것이 끝이며 모든 것이 시작이 되었다.

이병옥 시인은 망해사에 대해 이렇게 읊었다.

> 쉴 새 없이 어둠을 내뿜는 잔주름 깊은 바다
> 잔불 소리도 없이 내 속을 비워내고
> 바닷바람 소리 없이 범종을 흔드는 망해사
> 아무 말 없이 바다 위로 단청을 털어내고 있다

삶의 브레이크를 달자

자기만의 비밀 장소가 있다는 것, 더군다나 그 비밀 장소가 쉼은 물론 약의 장소라면 그곳만큼 멋진 곳은 없을 것이다. 그런 곳 하나쯤은 만들어놓을 만하다. 그런 장소 하나 없다면 오아시스 없는 사막을 걷는 것과 무엇이 다르랴.

자동차 왕 헨리 포드도 잠깐의 휴식이 꼭 필요하다고 말했다.

"사람은 일하기 위해서 이 세상에 태어난 것이다. 단지 명상하고 느끼고 꿈꾸기 위해 이 세상에 태어난 것은 아니다. 모든 사람은 그의 능력에 따라 자기가 하고 싶은 일을 할 때 가장 빛나는 것이다. 그러나 일만 알고 휴식을 모르는 사람은 브레이크가 없는 자동차와 같이 위험하기 짝이 없다."

윈스턴 처칠도 휴식을 참으로 중요하게 생각했다. 어쩌면 그가 제2차 대전을 승리로 이끈 힘의 원천 역시 휴식이었는지도 모른다. 그가 영국의 수상으로 있을 때 제2차 세계대전이 일어났다. 전쟁은 치열했다. 적군의 공격에 많은 영국 군인들이 희생되었고 또한 그 누구도 전쟁의 승리를 장담할 수 없었다. 그러나 윈스턴 처칠은 전쟁의 승리를 장담했다.

"반드시 영국이 전쟁에서 승리할 겁니다. 군인들은 나를 믿고 따라주십시오."

그는 군인들의 사기를 높이기 위해 연설을 자주 했고 또한 그들에게 다가가 격려하고 위로했다. 70세의 나이에도 불구하고 그가 군인들을 총지휘할 수 있었던 건 그가 건강했기 때문이다. 그의 건강 비결은 바로 낮잠에 있었다.

"십오 분만 자고 일어날 테니까 그때 나를 깨우게."

"예, 알겠습니다. 수상님."

그는 제2차 대전 중에도 짬짬이 시간을 내서 낮잠을 잤다. 만약에 그가 낮잠을 자지 않고 피곤한 몸으로 군대를 이끌었다면 아마도 전쟁을 승리로 이끌지 못했을 것이다. 적절한 휴식이 나라를 지켜낸 것이다.

더 빨리 달리기 위해 멈춰라

휴식은 결코 멈춤이 아니다. 더 멀리 뛰기 위한, 더 빠르게 달리기 위한 준비다. 쉬는 동안 지치고 고단한 육신을 추스르고 또한 자신이 여태 걸어왔던 길을 한번쯤 뒤돌아 천천히 점검할 필요가 있다. 처음 마음먹은 대로 가고자 한 방향으로 제대로 걸어왔는지를 생각해보고 그 길이 옳지 않다면 바른 방향으로 선회해야 할 것이다. 아울러 자신보다 먼저 인생을 살아본 사람들을 만나 조언을 구하거나 그들의 삶을 들여다보는 것도 필요할 것이다.

파스칼은 '인간의 모든 불행은 단 한 가지, 고요한 방에 들어앉아 휴식할 줄 모르는 데서 비롯된다.'고 말했다.

하지만 쉬는 것에 대해 불안해하는 사람들이 있다. 일명 '워커홀릭'들이다. 그들은 일에 미쳐 있다. 물론 어떤 일에 미친다는 것은 참으로 멋지고 아름다운 것이다. 그러나 정말이지 너무나 그 일에 빠진 나머지 진짜로 미쳐버리면 곤란하다.

호흡 조절을 하라

지나친 중독은 타인을 힘들게 한다.

나도 전에 일에 미쳐 산 적이 있다. 눈만 뜨면 컴퓨터를 켜고 자판을 두드렸다. 회사에서 카피를 쓰고 집에 들어오면 글을 썼다.

일요일도 없이 밥 먹을 시간 30분도 아까워했다. 점점 그 시간이 지날수록 나의 정신은 황폐해져갔고 인간관계도 점점 메말라갔다. 내 등짝 뒤에서 아내의 한숨이 늘어만 갔다.

"일요일에는 제발 좀 쉬어. 나랑 얼굴을 마주보고 대화 좀 하자."

아내의 말도 귀에 들어오지 않았다.

그러던 어느 날, 끝내 한계에 도달하고 말았다. 나는 코피를 쏟으며 머리를 쿵 하고 자판에 처박고 말았다. 육신을 혹사시킨 나머지 그만 맛이 가고 만 것이다.

그 일이 있은 후, 나는 많은 생각을 하게 되었다. 가족을 위해서 일한다고 말했지만 정녕 아내와 아이는 그리 행복해하는 것 같지 않았다.

요즘은 일요일에는 컴퓨터를 켜지 않는다. 물론 여전히 자판을 두드리고 싶어서 손끝이 근질근질하지만 그래도 잘 견디고 있다. 쉬면서 아내와 대화도 나누고 아이와 놀아주기도 한다.

그러고 보니 나는 카피라이터를 접고 작가의 길로 들어선 이후, 특히 일 년 동안은 줄곧 글 쓰는 일에 목숨을 걸었다. 그럴 수밖에 없는 이유는 가장이라는 중압감 때문이었다. 남들을 못 들어가서 안달인 그 좋은 직장을 그만두고 글을 쓰겠다고 유유히 회사 문을 나왔을 때, 다들 나를 이해하지 못했다. 그러나 나는 글을 쓰고 싶은 싶은 욕망이 그 무엇으로도 잴 수 없을 정도로 강했고 그것이

170

내 행복이라 생각했다. 그 행복은 곧바로 처자식을 먹여살려야 한다는 중압감과 과도한 성취욕으로 변했다.

나는 쫓기듯 글을 썼다. 오히려 직장을 다닐 때보다 더 많은 시간을 투자했다. 잠시라도 쉰다는 것을 스스로 용납할 수가 없었다. 고정적인 월급이 있는 것도 아니기에, 나는 매일매일 뭐든지 써야만 했다. 내 안의 평온함은 이미 온데간데없고 쉬는 것 자체가 사치스럽다는 생각마저 들었다.

기계도 계속 돌리면 마모가 되고 자동차도 계속 달리면 결국 서버리고 마는 것처럼 쉬어야 할 때를 모르고 계속 달려왔기에 나는 많이 지쳤다.

오늘만큼은 행복해지자

물론 지금은 일할 때와 쉴 때, 달려야 할 때와 멈춰야 할 때를 조절할 수 있게 되었다. 우리가 일을 하고 돈을 버는 것도 모두 다 행복해지기 위해서 선택한 일이 아닌가. 그리고 정말로 휴식을 취하면 더 좋은 아이디어가 나오고 다짐도 새로워져 일의 능률이 오른다. 창조적인 휴식인 셈이다. 일하는 시간이 많다고 해서 성과가 좋은 것만은 아니다. 창의성과 순간 집중력이 중요한 시대다. 일과 휴식의 조화가 중요하다.

나는 일요일에는 휴대폰을 꺼놓는다. 며칠간은 혹시라도 중요한 곳에서 전화가 오지 않을까, 불안하기도 했지만 시간이 지나니까 마음이 편안해졌다. 신경 쓰지 않고 맘대로 쉴 수 있었다. 그리고 집안 청소를 한다거나 아내와 장을 보러 간다. 그 시간이 아내와 내가 돈독해지고 월요일부터 또 일을 할 수 있도록 활력을 찾는 시간이다. 그리고 가끔씩 문화생활을 즐긴다. 영화를 보고 뮤지컬을 보고 콘서트장에 가는 생활을 통해 나의 막힌 생각을 뚫고 또 새로운 아이디어도 얻는다.

연애시절에는 아내가 내가 일에 열중하는 모습이 참 멋져 보인다고 했다. 그러나 지금은 그렇지 않단다. 일에 파묻혀 사는 모습이 안쓰럽기도 하고 좀 답답해 보이기까지 하단다. 어쩌면 이 모습이 우리들의 모습이 아닐까. 일이 내가 되어버린 삶, 그런 삶은 내가 아니다. 내가 있은 다음에야 일이 있는 것이다. 오늘만큼은 작업복을 벗자. 오늘만큼은 자판을 두드리지 말자. 오늘만큼은 회의를 하지 말자. 오늘만큼은 가게 문을 닫자. 내일도 모레도 아니, 단 오늘만큼만.

Think more deeply

'열심히 일한 당신, 떠나라~'

TV-CF 중에 이런 카피가 있다. 일을 하고 있는 사람에게는 참으로 가슴에 와 닿는 카피다. 휴식을 취할 자격이 있는 사람은 당연히 열심히 일한 사람이다. 바로 당신이다. 멋진 글 하나 감상하며 기차를 타기 바란다.

　휴식은 정숙하고 여유로우며 아름다워야 한다.

　그것은 조용한 침묵의 눈빛으로 바쁘게 달려온 삶의 관성이 우리 몸에 선물한 물집들을 들여다보는 일이다.

　한서엔 휴식을 가리켜 허리띠를 늦추어 맨다는 뜻으로 '완대'라 표현하고 있다.

　이제 가을이다.

　우리가 맺었다고 생각한 열매들은 과연 속이 찼는가.

　올 가을엔 아름다운 휴식 속에서 그것을 들여다보자.

　_박범신의《젊은 사슴에 관한 은유》중에서

15 책벌레의 법칙 :
책이라는 바다에 낚싯대를 드리워라

우리들 인간이 지상에서
이루어놓은 것이나 만들어낸 것 중에서
무엇보다 가장 중요하고 경이로우며
또한 가치 있는 것은 바로 책이다.

_토머스 칼라일

활자를 거부하는자, 성공할 수 없다

예전에 그림책 한 권을 출간한 적이 있다. 제목은《엄마, 나는 책
이 좋아》. 어릴 때부터 책과 친해지면 좋다는 취지로 만든 책인데
판매는 그리 신통치 않았다. 여하튼 책은 우리에게 필요한 마음의
양식이다. 좋은 건 어릴 때부터 섭취하면 좋다. 그래야 곧고 바르고
현명하게 클 수 있기 때문이다. 이 그림책의 내용은 대략 이렇다.

한 아이가 책을 이용해 뭐든지 한다. 낮잠을 잘 때는 베개로 쓰고 높은 곳에 놓여 있는 장난감을 꺼낼 때는 책을 밟고 올라가고 태양빛이 너무 강하면 책으로 햇볕을 가리고 그러다가 심심하면 책을 읽기도 한다. 이처럼 책을 마음대로 활용하면서 책과 점점 친해지고 나중에는 엄마와 함께 책을 읽으면서 즐거워하며 마무리가 된다.

독서는 습관이다. 책 읽기를 좋아하는 사람은 평생 책을 가까이 한다. 마치 밥을 먹듯 주기적으로 책을 읽게 된다. 그러나 책을 싫어하는 사람은 평생 가야 책 한 권을 읽지 않는다. 거기서부터 삶의 차이가 난다. 하루하루가 지날수록 지식의 차이가 나고 삶의 질의 차이가 나고 생각의 차이가 난다. 책을 가까이한 사람치고 성공하지 못한 사람은 없다.

맹자의 어머니는 맹자를 위해 세 번 이사를 하지 않았던가. 결국 서당 옆으로 가서 맹자는 책을 좋아하게 되었다. 알렉산더나 나폴레옹은 전쟁터에서도 말 위에서 책을 읽었다. 그들이 세계를 지배하고 호령할 수 있었던 힘은 그들의 용맹함 때문이겠지만 어쩌면 책으로부터 그 기술을 습득했는지도 모르겠다.

책에 아낌없이 투자하라

스트레스를 받거나 심심하면 우리는 흔히 친구들과 술을 마시거나 노래방에 가서 목청을 높이고 춤을 추는 등 유흥을 즐긴다. 그러나 때론 다른 방법도 좋다. 그게 바로 독서다. 책을 읽으면 마음의 안정이 찾아오고 자연스럽게 스트레스도 풀린다. 거기에 풍요로운 지식과 지혜까지 얻게 된다.

서점이나 도서관에 자주 가라. 그리고 책값을 아끼지 마라. 책을 사는 돈을 줄이며 그건 꿈을 줄이는 것과 마찬가지다. 책은 나를 위한 투자이며 성공에 대한 당연한 지불이라는 생각을 잊어선 안 된다.

조선 시대 최한기라는 사람은 지독한 책벌레였다. 그는 양아버지로부터 상당한 재산을 물려받았다. 재산이 많으면 흥청망청 돈을 쓸 수도 있었지만 그는 달랐다. 그는 노름이나 술보다는 책을 좋아했다. 그래서 당시 중국에서 건너온 새로운 책이나 서양 과학책은 몽땅 샀다.

친구인 이규보가 어느 날 그의 집에 놀러 왔는데 그의 서재를 보고 깜짝 놀랐다.

"이런 이렇게 많을 수가! 나도 책이 많기로 소문이 난 사람인데 자네는 나보다 훨씬 더 책이 많군그래. 자네가 부럽네. 자네가 존경스럽네."

"뭐 이 정도로 그러나? 나는 아직도 부족하다고 생각하네. 뭐 좋은 책 있으면 소개 좀 시켜주게. 그 책도 좀 사고 싶으니 말이야."

"하여간 한기 자네는 책벌레 중에서도 지독한 책벌레야."

그의 집에는 책 장수가 끊이지 않았다.

"나리, 새로운 책이 있어서 들렀습니다."

"그래요. 어서 오세요. 이번에는 어떤 책인가요?"

"예. 서양에서 들어온 책인데 지구와 은하계에 관한 책입니다."

"그거 참 재미있겠군요. 그게 얼마요?"

"이 책은 귀한 거니까 삼십 냥입니다."

꽤 비싼 금액이었지만 최한기는 주저하지 않고 책 장수에게 그 책값을 지불했다.

그렇게 있는 대로 책을 사들이더니 결국 그는 그 많던 재산을 다 써버리고 말았다.

그 소식을 듣고 한 친구가 최한기의 집에 찾아왔다.

"자네, 책 사는 데 재산을 다 썼다고 들었네. 참으로 안됐네그려."

"안되긴 뭐가 안됐단 말인가. 책만큼 값어치 있는 재산이 또 어디 있겠나?"

"허허. 그러긴 하지. 그나저나 앞으로 자네도 책을 살 때 책값을 좀 깎지 그러나."

그러자 최한기는 고개를 내저으며 말했다.

"책을 지은 사람을 만나기 위해서는 천리라도 불구하고 찾아가야 하지만, 지금 이 책으로 나는 아무 수고도 하지 않고 가만히 앉아서 책의 저자를 만날 수 있으니, 그 책값이 얼마나 싼 건가?"

요즘, 책값이 참으로 많이 올랐다. 별 내용도 없는데 일부러 편집의 편법을 이용하거나 양장본으로 책을 두껍게 만들어 괜히 가격을 높게 책정한다. 물론 책을 사는 입장에서는 출판사의 상술이 얄밉기는 하지만 그래도 그쯤은 이해하자.

아무리 책이 비싸다고 해도 분명 책은 그 값보다 훨씬 더 큰 가치를 담고 있으니 말이다. 아무리 내용 없고 허접한 책이라도 분명 그 값 이상은 할 것이다. 돈이 아깝다는 생각을 하면 책을 구입한 후에도 책 내용이 제대로 들어오지 않는다. 책 속에는 저자가 수년간 연구한 내용이 담겨 있고 저자의 삶이 담겨 있기 때문에 분명 가격보다 훨씬 더 큰 가치를 하고 있는 셈이다.

글자 하나하나, 눈에 힘을 주고 읽어라

다독도 중요하지만 한 권 한 권 읽을 때마다 집중해서 읽는 것도 중요하다. 또한 한 번 읽은 책이라고 내팽개치지 말고 읽은 책도 다시 보는 것이 확실히 자신의 것으로 만드는 방법이다.

조선시대 읽은 책을 다시 또 읽기로 유명한 인물이 있었다. 바로 조선 중기에 명문장가로 이름을 날린 김득신. 그는 많은 책을 읽기로도 유명했지만 한 권의 책을 반복해서 읽는 것으로 더 유명했다.

그는 글 한 편을 무려 1만 번씩 읽었다. 그렇게 1만 번씩 읽은 글이 무려 36편이나 된다고 한다. 더더욱 놀라운 건 《사기》에 나오는 〈백이전〉을 무려 1억 1만 3,000번이나 읽었다니 엄청난 독서광이다.

어느 날의 일이었다. 하도 많이 읽어서 그는 〈백이전〉을 다 외우고 있었다. 그 날도 그는 말을 타고 가면서 〈백이전〉을 중얼거렸다. 그런데 갑자기 중간에서 막힌 것이다.

"어, 왜 갑자기 기억이 나지 않지?"

그러자 그의 옆에서 말의 고삐를 쥐고 있던 하인이 말했다.

"주인님, 그 부분을 제가 알려드릴까요?"

"그래, 내가 기억이 나지 않는구나. 네가 좀 알려다오."

하인은 김득신을 대신해서 〈백이전〉을 줄줄 외웠다. 김득신이 하도 많이 읽으면서 외우고 다녀서 옆에 있던 하인조차도 다 알 수 있었던 거다.

하인이 완전하게 외우자, 김득신은 고개를 끄덕이며 말에서 내려왔다.

"네가 나보다 훨씬 낫구나. 나보다 똑똑하니 네가 말 위에 타거라. 내가 고삐를 잡고 갈 테니 말이다."

세종대왕도 그런 인물이다. 어린 세종은 책 읽기를 무척 좋아했다. 그래서 《춘추》, 《좌전》 등은 30번 이상을 사서삼경은 무려 100여 차례나 읽고 또 읽었다.

그러다 너무나 책을 많이 읽는 바람에 눈병이 나고 말았다. 그래도 그는 또다시 책을 펼쳤다.

한 번 읽고 책꽂이에 꽂아두지 말고 책꽂이에서 읽은 책을 꺼내서 다시 한 번 읽어보도록 하자. 한 번 읽었을 때의 느낌과 두 번 읽었을 때의 느낌과 세 번 읽었을 때의 느낌이 새록새록 다르게 느껴질 거다. 또한 내용도 쏙쏙 잘 들어와 좀처럼 까먹지 않고 완전히 책 속의 참뜻을 마음속 깊이 새길 수 있다. 꺼진 불도 다시 보자라는 말처럼 한 번 읽은 책도 다시 읽자. 그럼 분명 그 책에 관해서는 세계 최고가 될 만한 정답을 찾아낼 수 있을 것이다.

경쟁하며 읽고 논쟁하며 읽어라

혼자보다는 여럿이 하는 게 뭐든지 재미있기 마련이다. 축구공을 벽에 치며 혼자서 노는 것보다 두 팀으로 편을 갈라서 경기하는 게 재미있고, 화투도 혼자면 못하지만 여럿이 하면 즐길 수 있다. 혼자는 심심하고 때론 따분하다. 그러나 여럿이 함께 어울리다 보면 서로에게 배울 점도 발견하고 책에 대해 더 깊이 이해할 수 있다. 독서 토론회나 독서 클럽에 적극적으로 참가하라. 함께 읽고 함께 토론하고 생각을 공유한다면 독서에 대한 열정과 책 읽는 즐거움이 배가될 것이다. 또한 경쟁자를 정해놓고 읽어라. 경쟁자보다 더 많이 읽어라. 경쟁은 나를 자극하고 내가 발전할 수 있는 계기를 마련해준다. 세종대왕도 집현전 학자들과 경쟁을 했다. 물론 아름다운 경쟁이다.

어느 겨울 밤, 세종대왕은 《사기》라는 책을 읽고 있었다. 너무나 늦은 시간까지 책을 보고 있으니 내관은 왕이 걱정되어 조심스럽게 아뢰었다.

"전하, 밤이 너무 깊었습니다. 오늘은 그만 주무시고 내일 보시지요."

"알았네."

세종은 잠시 밖으로 나와 밤바람을 쐬었다. 그런데 건너편에 보이는 집현전에 아직도 불이 켜져 있었다.

"김 내관, 집현전에 여태 불이 밝혀져 있군. 누가 뭘 하는지 알아보아라."

내관은 후다닥 집현전에 다녀왔다.

"집현전에서 신숙주 학사가 책을 읽고 있사옵니다."

"그래? 젊은 학사가 학문에 열중하는 모습이 참 보기 좋군. 젊은 학사가 아직까지 잠을 자지 않고 공부하는데 어찌 임금인 내가 잠을 잘 수 있겠는가. 안 그런가?"

세종은 다시 방 안으로 들어와 《사기》를 읽기 시작했다.

한 시간 정도 지난 후, 세종은 다시 내관에게 집현전의 불이 꺼졌는지 보고 오라고 시켰다.

"신숙주 학사는 아직도 자지 않고 책을 읽고 있사옵니다."

"으음, 아직도……."

"잠을 자려고 했는데 나도 더 좀 읽어야겠군."

세종은 책을 덮지 않았다. 세종은 큰 소리를 내어가며 책을 읽었

181

다. 그 뒤로도 몇 번을 내관은 집현전에 왔다갔다했다.

어느덧 아침이 밝았다

"전하, 집현전에 있는 신숙주 학사가 드디어 잠이 들었습니다."

"그게 확실하느냐?"

"예. 제가 확인했사옵니다."

"알았다. 그럼 나도 이제 눈 좀 붙여야겠구나."

이 후 세종은 집현전 학자들과 서로 경쟁하듯 학문에 열중하였다. 그렇게 학문에 열중한 결과, 세종은 집현전 학자와 함께 훈민정음이라는 위대한 글을 창조해낼 수 있었다.

가장 부러운 사람은 책 부자

나는 부러운 사람이 있다. 바로 서점을 운영하는 사람이다. 그리고 그 다음으로 부러운 사람은 책을 아주 많이 갖고 있는 사람이다. 부러운 사람 중에 한 명이 바로 영화〈스타워즈〉시리즈로 유명한 감독 조지 루카스다. 샌프란시스코 대저택에서 산다는 그의 큰 집이 부러운 게 아니라 그가 보유한 책이 부럽다.

그의 작업실은 일반 도서관 못지않다. 책장의 높이가 무려 12미터나 되고 가운데가 계단으로 연결된 1, 2층으로 구성돼 있다. 책장은 수천 권의 책으로 가득 채워져 있고 다양한 색으로 꾸며진 유리 돔 천장을 통해 자연스럽게 태양빛이 내려오기 때문에 책을 읽고 싶은 마음이 절로 든다. 그건 마치 책으로 둘러싸인 성과도 같다.

그는 특히 아담 스미스의《국부론》, 임마누엘 칸트의《순수이성비판》과 아우렐리우스의《명상록》등 고전을 즐겨 읽는다고 한다. 고전 속의 수많은 경험을 통해 현재와 미래를 보다 더 완벽하게 살기를 꿈꾸고, 책 속에서 영화적 영감을 구한다고 한다. 하루 종일 책 읽고 책에 파묻혀 사는 삶, 그 어떤 삶보다도 더 아름답고 행복한 삶일 것이다.

지금 우리가 그와 같이 엄청난 서재를 만들 순 없지만 옆에 놓인 책을 펼칠 수 있는 두 손은 가지고 있다. 펼쳐서 읽자. 그 시작만으로도 남부럽지 않은 행복한 인생을 사는 것이다.

Think more deeply

'실전'에 필요한 14가지 독서법

1. 책을 사는 데 돈을 아끼지 마라.
2. 같은 테마의 책을 여러 권 찾아 읽어라.
3. 책 선택에 대한 실패를 두려워하지 마라.
4. 자신의 수준에 맞지 않는 책은 무리해서 읽지 마라.
5. 읽다가 그만둔 책이라도 일단 끝까지 넘겨보라.
6. 속독법을 몸에 익혀라.
7. 책을 읽는 도중에 메모하지 마라.
8. 가이드북에 현혹되지 마라.
9. 주석을 빠뜨리지 말고 읽어라.
10. 책을 읽을 때는 끊임없이 의심하라.
11. 새로운 정보는 꼼꼼히 체크하라.
12. 의문이 생기면 원본 자료로 확인하라.
13. 난해한 번역서는 오역을 의심하라.
14. 대학에서 얻은 지식은 대단한 것이 아니다.

_다치바나 다카시의《나는 이런 책을 읽어왔다》중에서

4부

내 삶의
속도를 올리자

16 실수의 법칙 :
이제부터는 낯설고 새로운 실수를 저질러라

올바른 일을 하는 게
어려운 것이 아니다.
무엇이 올바른 건지 아는 것,
그게 어려울 뿐이다.

_미국 대통령 린든 존슨

사회생활에서 같은 실수는 치명타!

밴댕이 속이 아니라면 누구나 다 한 번의 실수는 눈감아준다.

어릴 적 어느 겨울 날, 잠자리에서 실수로 오줌을 싸서 도톰한 솜이불에 지도를 그린 적이 있다. 아침에 솜이불에 그려진 지도를 보고 어머니는 한숨을 내쉬었다.

"어휴~. 너 때문에 못살아."

성깔이 있는 어머니라면 아이의 볼기짝을 몇 대 때리며 머리에 키를 뒤집어씌워서 옆집에서 소금을 얻어 오라며 내쫓았을 것이다. 그러나 다행히 내 어머니는 그렇게 모질지 않았다. 한숨 한번 내쉬는 걸로 나의 실수를 용서해주었다.

"다음번에 또 이러면 안 된다. 알았지?"

"예."

그러나 그런 실수가 한 번을 넘어 두 번, 세 번으로 이어지면 다시 말해서 상습범이라면 얘기가 달라진다. 아무리 성격 좋은 어머니라도 더 이상은 참지 못할 것이다. 한겨울에 그 도톰한 이불을 빨기란 여긴 힘든 일이 아니다. 날씨도 궂어서 몇 날 며칠을 널어놓아야 겨우 마를까. 그런데 자꾸자꾸 오줌을 싼다면, 똑같은 실수를 반복적으로 한다면 참는 것도 한계에 도달하고 말 것이다. 웬만해서는 화를 안 내던 사람이 화를 내면 더 무서운 것처럼 어머니도 결국 나의 세 번째 실수 때는 인정사정없이 회초리를 휘두르셨다.

아무리 귀엽고 사랑스러운 자식이라도 같은 실수를 자꾸 반복하면 용서하기가 힘들다. 어머니도 사람인지라 언제까지 감싸줄 수 없는 것이다. 어머니도 그러는데 하물며 우리 사회는 어떨지 생각해보라.

상사가 시킨 일을 잘 처리하고 또 거기에 머무르지 않고 창의적인 생각을 상사에게 건의하는 것이 아랫사람의 도리이고 능력이다. 그러나 매사에 일을 깔끔하게 마무리 짓지 못하고 실수를 밥 먹듯 한다면 어떻겠는가. 상사로부터 꾸중을 듣는 건 당연한 일일 것이며 좋지 않은 인상을 심어줘 연말 고과에도 큰 영향을 끼친다. 결국 잦은 실수는 자신의 연봉을 깎는 행위이고 또한 퇴출을 당하는 길이기도 하다.

법도 같은 죄를 짓는 사람에게 더더욱 엄격하다. 미국은 이미 여러 주州에서 범죄자에 대해 삼진 아웃제를 실시하고 있다. 죄질을 따지지 않고 동일한 유형의 범죄를 3회 이상 저지른 자는 종신형 또는 25년 이상의 중형을 선고한다. 너무나 과하다 싶지만 미국 연방 대법원이 합헌 결정을 내렸기 때문에 법의 테두리를 벗어날 수 없게 되었다.

작은 실수가 모든 것을 무너뜨릴 수 있다

토크쇼에 나온 가수 윤종신이 자신의 실수담을 얘기했다.

마음에 드는 한 여자와의 첫 만남에서 벌어진 일인데 윤종신은 그윽한 눈빛으로 여자를 바라보며 이야기꽃을 피웠다. 윤종신의 재치 있는 말솜씨로 어색한 분위기는 금세 사라지고 여자의 얼굴은 밝아졌다. 그리고 잠시 뒤 화장실을 다녀오겠다고 윤종신이 자리에서 일어났는데, 그 순간 작은 키의 윤종신을 보고 여자의 얼굴이 싹 굳어졌다는 것이다. 화장실에 다녀온 윤종신은 다시 타고난 말발로 굳어버린 여자의 얼굴을 겨우겨우 환하게 만드는 데 성공했다. 그런데 얘기에 열중한 나머지 윤종신은 얼굴에 난 땀을 닦기 위해 자신도 모르게 안경을 벗었다. 그 순간, 안경 벗은 윤종신의 얼굴을 보고 다시 여자의 표정이 싹 굳어버렸다. 결국 여자는 그의 곁을 떠나고 말았다.

그 일이 있은 후, 그는 두 번 다시 같은 실수를 하지 않기 위해 여자를 만나는 자리에선 절대 일어나지도 않고 또한 안경도 벗지 않는다고 했다. 그래서 그런지 몰라도 그는 좋은 여자를 만나 결혼에 성공했다.

인텔사의 명예회장인 앤드류 그로브는 실수를 경계하며 이렇게 말했다.

"기업에는 크고 작은 바람들이 있다. 그냥 스쳐 지나가는 작은 바람이 대부분이지만 언제 그 바람이 태풍으로 돌변하여 회사를 송두리째 뒤엎어놓을지도 모른다."

그는 직원들에게 매사에 실수하지 않고 일을 진행하도록 늘 독려했다.

또한 '투자의 귀재'이자 버크셔 해서웨이 회장인 워렌 버핏도 '실수 없는 후계자론'을 피력했다.

어떤 사람이 후계자가 될 자격이 있느냐는 기자의 질문에 대답했다. "앞으로 시장은 갈수록 비정상적이고 심지어 기괴하게 움직일 것이다. 따라서 단 한 번의 큰 실수가 오랫동안의 성과를 까먹어버릴 수 있다. 그러니 후계자는 앞으로 다가올 심각한 위험을 인지하고 회피할 수 있는 사람이어야 한다. 즉, 실수하지 않아야 한다."

우리는 실수하는 습관을 벗어나야 한다. 대충대충, 어리바리가 아니라 어떤 일에 임할 때는 초긴장 상태의 집중력을 발휘해야 한다. 신속도 중요하지만 깔끔하고 뒤탈 없는 일처리가 자신의 가치를 높이는 길이다. 어쩔 수 없이 한 번 정도 실수를 했다면 두 번 다시는 같은 실수를 하지 않기 위해서 실수의 원인을 철저히 분석하고 자기반성을 통해 실수를 기회로 반전시키는 기술도 필요하다.

실수했더라도 주눅 들지 말고 뻔뻔해져라

실수는 할 수 있다. 그렇다고 너무나 주눅이 들 필요는 없다. 일단 실수를 했으면 좀 뻔뻔해질 필요가 있다. 변명만 늘어놓다가 상급자에게 더 혼나지 말고 깔끔하게 실수를 인정하고 용서를 구하라.

그리고 실수가 두렵다고 스스로 행동에 제약을 받아선 안 된다. 실수를 하면서 혼나기도 하고 그리고 발전도 하는 것이다. 괜히 실수할까봐, 시도도 하지 않는다면 그건 더 큰 실수를 하는 셈이다.

그리고 실수는 내 삶의 장애물이 아니라고 생각해야 한다. 실수 없이 모든 일이 성공 가도를 달린다고 하자. 그러면 분명 자신의 능력을 자만하게 되고 남들을 깔보게 될 것이다. 그러니 때론 실수를 통해 자신의 한계도 느껴보고 좌절도 해보면서 더 나은 내일을

190

기약하고 준비할 수 있는 것이다.

혹여, 실수로 인해, 실패로 인해 아니면 그 어떤 상처로 인해 아픔을 겪고 있다면 이 한 편의 시로 위안을 삼기 바란다. 예전에 금산사에 갔을 때, 대웅전 처마 끝에 매달려 바람의 소리를 들려주던 풍경을 보고 지은 시다.

산사의 풍경에게

애쓰지 마라
굳이 잊으려고 흔들지 마라
어차피 상처란
바람에 감싸여 아물기 마련인 것을
더 이상 소리 내어 울지 마라
소쩍새도,

천 년의 서러움을 참다가
끝내 한 번의 울음을 토해내거늘
그립다고 그렇게
심장의 끝자락에 눈물을 매달지 마라
겨울비는 소리도 없이 내린다
만남만으로도 아름답다면
이른 새벽에 핀 이슬처럼

191

안으로 안으로 삭히며 피어나거라

흔들리는 것들은 소리마저 눈물겹다

실수를 기회로 만들어라

실수가 득이 되는 경우도 종종 있다. 실수를 통해 이룩한 위대한 결과물이 우리 주위엔 너무나 많다. 실수가 약이 되고 길이 되고 미래가 된다는 말이다.

벤턴은 저서 《CEO 정상의 법칙》 중에서 이렇게 말했다.

"많은 사람들의 마음속에 깊이 각인되어 있는 근본적인 사고의 배경에는 '모든 것을 완벽하게 해내지 못하면 난 실패자다'라는 생각이 숨어 있다. 그러나 인간이 이루어놓은 훌륭한 발명품은 실수의 결과이고, 실수를 해도 포기하지 않는 발명가의 꿋꿋한 의지에서 비롯되었다. 실수는 다음번에 잘할 수 있는 기회를 제공한다. 실수는 배우는 과정인 것이다."

최초의 항생물질인 페니실린이 한 미생물학자의 실수로부터 탄생되었다는 걸 아는가. 그는 당시 종기와 같은 염증을 없애는 방법에 대해 연구하고 있었다. 그런데 실수로 세균을 배양하는 접시의 뚜껑을 열어놓은 채로 퇴근을 하였다.

다음 날, 연구실에 가 보니 접시에 푸른곰팡이가 피어 있었다. 그런데 놀랍게도 세균이 다 죽어 있었다. 그는 곧 푸른곰팡이를 연구했고 그곳에서 페니실린이라는 항생물질을 얻어냈다. 그로 인해 그는 노벨상을 받는 영광까지 얻었다. 그가 바로 A.플레밍이다.

또 다른 예가 있다. 세계인의 사랑을 받는 만년필 워터맨 Waterman, 그것 역시 한 보험 판매원의 실수에서 탄생되었다. 그의 실적은 좋지 않았다. 당연히 회사에서도 눈치를 봐야 했고 집안 형편도 넉넉하지 못했다. 그러던 어느 날, 참으로 오랜만에 한 고객과의 보험 계약이 성사되기에 이르렀다. 그런데 그만 계약서를 작성하는 과정에서 실수를 저지르고 말았다. 펜의 잉크가 흘러내려 계약서를 망친 것이다. 고객은 불쾌했는지 그 실수를 용납하지 않았다. 결국, 보험계약은 수포로 돌아갔다. 잉크만 흘러내리지 않았다면! 그는 펜을 만지작거리기 시작했다. 그렇게 몇 날 며칠을 펜만 생각하고 펜만 연구했다. 결국, 그는 잉크가 흘러내리지 않는 펜을 개발했다. 그 펜이 바로 워터맨이다.

기존의 일은 실수 없이! 새로운 일을 하면서는 실수하고 또 실수하라!

같은 실수를 하는 건 바보짓이지만 새로운 일에 대해 실수를 저지른다는 건 참으로 긍정적인 일이다. 사실 익숙하고 능숙한 일이라면 그만큼 실수율이 높지 않다. 그러나 낯설고 새로운 일에 처음 도전한다면 그만큼 실수가 잦은 법이다. 다시 말해서 실수를 한다는 건 그만큼 새로운 일에 도전하고 갈망하고 있다는 증거다. 그러니 새로운 일을 접하면서 실수하는 것에 대해선 자책하거나 주눅들 필요가 없다. 기존의 일은 실수 없이! 새로운 일에 대해선 실수하고 또 실수하라! 이게 답이다. 실수로 인한 득과 실을 잘 활용한다면 남보다 더 좋은 위치를 선점할 수 있을 것이다. 창조를 만들어가는 실수는 아름답다.

같은 실수는 용서할 수 없지만 새로운 실수는 기특하고 멋져 보인다. 새로운 일은 누구나 다 서툴기 마련이다. 그러니 실수는 당연한 거다. 새로운 것을 피하지 않고 과감하게 부딪혀 해내고 시행착오를 통해 배울 수 있다면 보다 발전된 삶이 될 것이다.

실수하는 사람은 실수하지 않는 사람보다 더 많이 혼난다. 그러나 더 많이 배울 수 있다. 실수하는 사람은 실수하지 않는 사람보다 더 많이 주눅이 든다. 그러나 더 많이 변화할 수 있다. 실수하는 사람은 실수하지 않는 사람보다 때론 뒤처질 수도 있다. 그러나 분명 더 많은 기회를 얻을 수 있다.

새로운 시도는 시행착오를 거치면서 서서히 자신만의 노하우가 되고 결국 긍정적인 결과를 가져온다는 걸 알아야 한다.

Think more deeply

실수를 저지르면 가장 괴로운 사람은 자기 자신일 것이다. 그 다음은 그 실수로 인해 피해를 본 사람이다. 실수를 저질렀을 때, 가장 먼저 해야 할 일은 그 실수를 인정하고 용서를 구하는 것이다. 그 다음은 나중에 생각해도 좋다. 실수를 인정하는 게 얼마나 중요한지 토마스 A. 슈웨이크의 《평범했던 그 친구는 어떻게 성공했을까》라는 책을 보면 알 수 있다. 그 책의 일부를 소개한다.

성공을 지킬 줄 아는 사람들은 실수를 재빨리 인정함으로써 실수를 극복할 수 있다는 것을 잘 안다. 그리고 실수를 은폐하려다 들키면 살아남을 수 없다는 것 역시 잘 안다.

그런 예는 역사 속에서도 쉽게 찾아볼 수 있다. 닉슨 대통령은 워터게이트 사건을 은폐하려 했다는 이유로 자진 사퇴했다. 만약 그가 1972년 민주당 선거 사무실에 도청 장치를 한 사실을 알고 있었다고 털어놓았다면 부하들을 통제하지 못했다고 2, 3주 비난만 받고 말았을 것이다. 그랬다면 20세기 최고의 대통령 반열에 올랐을지도 모른다.

17 스피드의 법칙 :
시대보다 항상 한걸음 더 앞서 나가라

누군가 나를 지루하게 한다.
그런데 그것은 나인 것 같다.

_ 딜런 토마스

빠르게! 날씬하게!

내 몸은 많이 비대해졌다. 예전에는 피죽도 못 먹고 사는 사람처럼 생겼다고 놀림을 받은 적도 있다. 그러나 지금은 거울 속 내 자신이 좀 부담스러울 정도로 변했다. 중·고등학교나 대학 친구를 오랜만에 만나기라도 하면 다들 두 눈이 휘둥그레진다.

"너, 왜 이렇게 몸이 불었냐?"

"먹고살기 편안한가 봐."

"야, 굴러다니겠다."

"뭐 스트레스 받는 일 있냐?"

이런 말을 들으면 나는 쥐구멍을 찾고 싶다. 물론 친구에게 이런 말을 듣는 건 그냥 우정 섞인 말로 가볍게 넘길 수 있다. 그러나 직장 생활에서 이런 말을 들었을 때는 좀 달리 해석이 된다. 뚱뚱하다는 것이 자칫 답답하고 무능하다는 걸로 비쳐질 때가 있는 것이다. 일단 몸이 뚱뚱한 사람을 보면 떠오르는 단어가 몇 개 있다.

게으름, 답답함, 꽉 막힘, 융통성이 없음, 우유부단. 물론 이런 단어를 떠올린다는 것 자체가 편견일 수도 있지만 여하튼 뚱뚱하면 스피드하게 느껴지지 않는 건 거역할 수 없는 사실이다.

뚱뚱한 사람이 대접받지 못하는 이유 중에 하나가 요즘 세상이 그만큼 빨리 돌아가고 있기 때문이다. 이왕이면 남들에게 스피드한 면을 보이는 게 좋다. 그러기 위해선 내적인 변화도 있어야겠지만 일단은 보이는 면, 살을 빼는 것이 좋겠다.

망설이지 말고 냉철하고 빠르게 판단하라

사람들은 오래 기다리지 못한다. 빠른 걸 좋아한다. 인터넷 속도가 느리면 답답하고 짜증이 난다. 주문한 음식이 늦게 오면 먹을 맛이 싹 사라진다. 기다리는 버스가 오지 않으면 한숨이 나오고 화가 난다. 언제부턴가 우리는 빠른 삶에 익숙해졌고 또한 그것을 원한다. 이처럼 조급증에 걸려 빨리빨리만 외쳐대는 것이 스피드의 전부는 아니다. 우리에게 필요한 진정한 스피드는 변화를 읽는 눈과 위기 상황에 대처하는 일을 말한다.

　TV-CF '인터넷 광고' 중에 이런 게 있다.

　한 남자가 친구 녀석인 줄 알고 어떤 사람의 뒤통수를 세게 때렸는데 고개 돌리는 걸 보니 험상궂은 인상의 조직 폭력배였다. 남자는 크게 당황해서 두 눈이 휘둥그레진다. 그때, 자막이 뜬다.

"가장 필요한 건 뭐? 정답은 스피드."

　남자는 아주 빠른 속도로 그 위기를 모면하기 위해 도망간다. 광랜으로 인터넷 속도가 빠르다는 걸 유머러스하게 표현한 광고다. 만약에 남자가 우물쭈물하고 머뭇거렸다면 그 조직 폭력배에게 엄청 맞았을 게 뻔하다. 이처럼 스피드가 중요하다. 여기서 말하는 스피드란 그저 빨리 달리는 것만 의미하는 게 아니다. 재빠르게 상황을 판단하고 다른 단계엔 뭘 해야 할지 결정하여 실천하는 것이다.

　그러고 보면 우리는 늘 망설임 속에서 많은 시간을 허비한다. 그건 단지 시간을 낭비하는 것에 그치지 않는다. 그 망설임으로 인해 자칫 쉽게 마무리될 일을 크게 만들 수도 있다. 또한 윗사람에게 깔끔하게 일처리를 하지 못했다고 핀잔을 들을 수도 있다. 망설임이 길어지면 결국 우유부단으로 이어지고 그것은 곧 무능과 별다를 것이 없다. 때론 스피드하게 일을 처리해야 할 때가 있다. 빠른 결단력으로 일을 일사천리로 처리하고 자신의 선택에 책임져야만 한다.

당신의 선택이 중요한 이유

빠른 판단력은 삶에 있어서 매우 중요하다. 사람을 위기에서 구할 수도 있고 자신을 성공으로 이끌 수도 있다. 예전에 이런 신문 기사를 읽은 적이 있다.

미 공항 관제탑의 실수로 수백 명의 사망자를 낼지 모르는 비행기 충돌 위기가 빚어졌다. 조종사 국중기 기장은 관제탑의 지시에 따라 고도를 낮추고 착륙 준비를 했다. 그런데 착륙하려는 그 순간, 놀랍게도 활주로에 다른 비행기가 이륙을 준비하고 있는 것이었다.

"이러다가 부딪히겠는 걸!"

국 기장은 빠른 판단력으로 두 비행기가 충돌하기 직전에 방향을 하늘로 틀었다. 다행히 두 비행기는 부딪히지 않았고 또한 국 기장이 몰았던 비행기는 비어 있는 다른 활주로로 무사히 착륙할 수 있었다.

국 기장은 비행기에서 내려 관제탑으로 달려갔다. 그리고 관제탑 업무를 보는 직원들에게 항의했다.

"비행기가 이륙하려는 활주로를 지정해주면 어떻게 합니까? 하마터면 대형사고가 날 뻔했습니다. 도대체 어떻게 된 겁니까?"

관제탑 직원들은 고개를 숙인 채 말했다.

"죄송합니다. 저희들이 실수를 했습니다."

그러면서 안도의 한숨을 크게 내쉬며 말했다.

199

"국 기장의 빠른 판단으로 엄청난 참사를 모면했습니다. 이삼 초만 늦었다면 정말로 큰일 날 뻔했습니다. 국 기장님, 정말로 잘 하셨습니다."

시대보다 더 빠르게 달려가자

빠르다는 건 중요하다. 위험에 처해 있을 때 판단력과 대처 능력이 그만큼 위험에서 빨리 벗어날 수 있으며, 또한 상대방의 마음을 한 발 빨리 파악한다면 상대방과 갈등이 생기지 않고 금방 내 편으로 만들 수도 있다. 한발 빠른 행동은 상대방에게 성실하고 믿음직한 인상을 심어주고 또한 머리가 좋다는 소리까지 들을 수 있다.

빠른 판단으로 변화를 꿈꾸고 성공을 거머쥔 사람도 많다. 진공청소기를 개발해서 보급한 윌리엄 후버가 대표적인 인물이다.

그는 원래 말안장을 제조하던 사람이었다. 말안장을 만들기 위해 아침부터 저녁까지 망치질을 했다.

그런데 어느 날, 신문에서 이런 헤드라인을 보았다.

"머지않아 자동차가 상용화될 것이다."

순간 그는 망치를 땅바닥에 놓고 말았다. 자동차가 상용화되면 분명 말이나 마차를 타는 사람은 줄어들 게 뻔했다. 그러면 자신의 사업이 망하는 건 시간문제라 판단했다.

"나 이제 말안장 만드는 걸 그만두겠네."

"후버, 그게 무슨 소린가? 자네처럼 숙련된 기술자가 그만두다니. 그럼 당장 뭘 먹고 살려고 그러나?"

"하루라도 빨리 그만두고 새로운 일을 찾아야지. 이렇게 미적거렸다가는 나중에 후회만 하고 말 걸세."

후버가 말안장 만드는 일을 그만두겠다고 말하자, 동료들은 모두 고개를 갸우뚱거리며 후버를 이해하지 못했다. 그러나 그는 머지않아 자동차에 밀려나갈 자기 산업의 한계를 깨닫고는 과감하게 분야를 바꾸기로 마음먹었다.

물론 평생토록 해온 일이라 그 일을 버린다는 건 쉽지 않았다. 그러나 변화를 빨리 읽고 거기에 대처해야만 살아남을 수 있다.

그는 앞으로 각광받는 직업이 무엇이고 시대를 앞서갈 만한 일이 뭔지를 곰곰이 생각했다. 그러던 어느 날, 우연히 그에게 행운이 다가왔다.

그는 친척인 제임스 스팽글러의 집에 놀러 갔다. 그런데 신기한 물건 하나를 발견했다.

"이게 뭐죠? 참 신기하게 생겼네."

"내가 개발 중인 물건이야. 일명 진공청소기지."

"진공청소기요?"

"그래, 스위치를 켜면 이 구멍으로 먼지를 빨아들이지."

후버는 그 물건을 보는 순간, 소리를 지르고 말았다.

"그래, 바로 이거야."

그는 곧바로 제임스 스팽글러에게 진공청소기의 특허권을 샀다. 그리고 장래성이 높다고 판단하여 함께 사업을 하자는 제안을 했다. 둘은 함께 연구한 끝에 제대로 된 진공청소기를 완성했다. 그리고 본격적으로 판매에 들어갔다. 그는 진공청소기를 팔기 위해 '모든 먼지와 모래알은 후버가 남김없이 가져갑니다'라는 광고 노래까지 만들었다. 광고가 나가자마자 주문이 밀려들었다. 한마디로 대박이었다. 이후 진공청소기는 전 세계로 퍼져 나갔고 그는 억만장자가 되었다.

성실과 부지런함에 스피드를 더하자

나폴레옹은 이렇게 말했다.

"얼마나 빨리 행동하느냐가 승리의 관건이다."

13세기에 인류사 최대의 제국을 건설한 칭기즈칸은, "성을 쌓고 사는 자는 멸망하고 끊임없이 교류하고 이동하는 자는 살아남을 것"이라며 스피드를 강조했다.

"덩치가 큰 기업이 항상 작은 기업을 이기는 것은 아니지만, 빠른 기업은 언제나 느린 기업을 이긴다."

미국 시스코 시스템즈사의 CEO, 존 챔버스의 말이다.

GE의 잭 웰치도 탁월한 스피드 경영자였다. 그는 회장으로 취임하자마자 모든 사업을 면밀히 분석했다. 그래서 경쟁력이 없다고 판단되면 과감히 그 분야의 사업을 정리했다. 1982~87년 사이에 약 100여 개의 사업 부문이 GE에서 사라졌다.

물론 그의 스피드 경영으로 인해 하루아침에 많은 사람들이 직장을 잃었지만 그는 이대로 갔다가는 회사 전체가 무너질 수도 있다는 절박함에서 내린 어쩔 수 없는 결정이었다. 그의 스피드한 의사결정과 추진력은 마침내 세계 최고의 경영자라는 타이틀을 달게 해주었고, 또한 GE를 세계적인 기업으로 우뚝 서게 만들었다. 남보다 앞서기 위해선 의사결정이 빨라야 하고, 남들보다 정보를 빨리 얻고, 좋은 목표를 빨리 수립하고, 목표가 정해지면 남들보다 먼저 시작해야 한다.

실제로 대기업에서는 스피드가 그야말로 경쟁력이다. 누구 먼저 신제품으로 시장을 선점하느냐에 회사의 존폐가 달려 있다.

사실, 경쟁사가 신제품을 내놓은 후 여기에 필적하는 제품을 내놓으려면 적어도 6개월에서 1년 정도의 시간이 걸린다. 그러나 그때 제품을 내놓으면 이미 가격은 20~30% 떨어진 상태고 또한 경쟁사가 이익을 거의 다 가져간 상황이다.

늦으면 결국 설 자리가 없는 것이다. 어찌 대기업의 일만 그런가. 자그마한 중국집도 치킨집도 피자집도 족발집도 마찬가지다. 조금이라도 빨리 따끈따끈한 음식을 가져다줘야 소비자들이 좋아한다.

스피드가 생명이고 스피드가 곧 돈이다. 그렇다고 스피드의 노예가 되지는 마라.

빠른 것도 중요하지만 그보다 더 중요한 것은 튼튼한 뿌리를 갖는 것이다.

뿌리는 연약한데 가지만 쑥쑥 자라고 이파리만 무성하다면 결국 그 나무는 쓰러지기 마련이다. 스피드가 '대충대충병'으로 이어지면 안 된다.

　대충대충병이 얼마나 무서운가. 삼풍백화점 붕괴, 성수대교 붕괴를 봐도 알 수 있다. 대충대충병만 경계하고 세상의 속도보다 한 발자국만 앞서가라.

　맨 앞에서 온몸으로 맞는 바람의 향기, 얼마나 달콤하고 맛있겠는가!

아직 내일이 있다

지옥으로 떨어지는 사람이 급격하게 줄어들었다.

그래서 염라대왕은 귀신들을 소집했다.

"어떻게 하면 사람들을 지옥으로 유인할지 좋은 방법이 있으면 말해보라."

귀신 한 명이 말했다.

"제가 사람들에게 '양심을 버리라고' 말하겠습니다."

염라대왕은 고개를 내저었다.

두 번째 귀신이 말했다.

"제가 사람들에게 '하고 싶은 일을 맘대로 하라고' 말하겠습니다. 그럼 지옥으로 올 사람들이 많이 늘어날 것입니다."

염라대왕은 여전히 만족하지 못했다.

세 번째 귀신이 자신 있게 말했다.

"제가 사람들에게 '아직 내일이 있잖아.'라고 말하겠습니다. 그럼 사람들은 모든 일을 내일로 미룰 것입니다."

그러자 염라대왕은 만족스러운 표정으로 고개를 끄덕였다.

18 고독의 법칙 :

혼자만의 시간 속에서 발전된 나를 만나라

고독 없이는 아무것도 달성할 수 없다.
나는 예전에 나를 위해서
하나의 고독을 만들었다.

_피카소

나는 지금 집으로 가고 있습니다

정들었던 고향을 떠나 타지에서 산다는 건 참으로 서글프고 외로운 일이다. 그러나 사람은 다행히 적응력 하나는 빠르다. 처음에는 낯설고 어색하지만 살다 보면 언제 그랬냐 싶게 곧 적응하게 되고 고향처럼 익숙해지곤 한다.

나는 서른 살 때까지 전주에서 살았다. 그런데 직장을 서울로 잡는 바람에 고향을 떠나야 했다. 직장 생활을 하면서 업무적으로,

사람관계로 많은 시달림도 있었지만 그래도 고향을 떠나온 외로움에 비할 바는 아니었다. 서울 하늘 아래 아무도 없고 나 혼자라는 생각은 마치 송곳으로 명치를 찌르는 듯했다. 그 외로움을 달래기 위해 술도 마시고 여기저기 싸돌아다니기도 했지만 쉽게 외로움을 벗어날 수는 없었다.

그때 나에게 유일한 친구는 글이었다. 글은 나의 눈물을 닦아주었고 때론 흔들거리는 나를 꽉 붙들어주기도 했다. 한참 서울에 적응 못하고 늘 고향 땅을 바라보며 눈물짓던 그 시절, 그때 쓴 글 한 대목을 소개한다.

막차를 타고 돌아오는 길,

오늘따라 유난히 매번 지나던 길이 새삼 낯설게 느껴집니다.

새끼손가락만큼 열린 차창 사이로 밀려들어오는 바깥세상.

하나 둘 가게의 불빛은 점점 희미해지고 달님조차 구름 뒤에 숨어 순식간에 사람들의 가슴속에 어둠이 드리웁니다.

낮 동안에 함께 웃음을 주고받던 거리의 수많은 사람들.

일회용 커피를 마시며 삶의 무게를 내려놓았던 동료들.

출근길에 어깨를 부딪치며

아직도 졸린 나의 하루를 서둘러 깨웠던 익명의 사람들.

그 많던 사람들은 지금 어디로 다들 사라졌는지,

어느 곳으로 숨고 말았는지,

가을 거리에는 쓸쓸한 발자국 몇 개만 비뚤비뚤 남아 있습니다.

나는 지금 집으로 가고 있습니다.

아니, 잠시 자그만한 섬에 홀로 여행을 떠나고 있는지도 모릅니다.

소금 냄새에 이끌려 덜컹거리는 버스를 타고 아무도 없는 섬,

그 불 꺼진 섬에 가는 중입니다.

갈매기의 발목에는 꽃편지가 묶여 있고 물 위에는 누군가가 던져 놓은

그리움의 파문이 아직도 흔들거리는,

이 계절에는 혼자라는 사실이 참 불편합니다.

울고 싶을 때 기댈 가슴 하나 없고

기쁠 때 서로 미소를 건넬 얼굴 하나가 없는 까닭입니다.

한때는 사람이 싫어서, 사람이 지겨워서,

그 둘레를 벗어나고자 몸부림을 친 적이 있었지만

막상 그 틀을 벗어나면 다시 사람이 그리워지는 건

왜 그런 것인지.

그렇습니다.

사람이 사람을 그리워해야 정말 사람인 것이지요.

그러기에 나만의 섬, 나만의 바다,

나만의 갈매기는 더 이상 의미가 없습니다.

사람들 안에 내가 있고 그대가 없으면 나도 없기에,

사람이 그립습니다.

비가 오려고 폼 잡는 이런 날에는

정말이지 사람냄새가 그립습니다.

고독, 아픈 것만은 아니다

아픈 만큼 성숙한다는 말처럼 때론 고독도 약이 되고 삶의 전화점이 된다.

나에게 있어 소주잔을 기울이며 외로움을 달랬던, 그 고독한 시간이 없었다면 어쩌면 내 이름 앞에 작가라는 타이틀을 붙일 수 없었을 것이다. 다행히 그 고독한 시간이 찾아왔기에, 나는 글을 선택했고 그 글을 통해 위안을 찾고 행복을 찾고 더 나아가 진짜 인생을 만날 수 있었던 거다.

멋진 인생을 살기 위해선 타인과의 어울림도 중요하다. 그러나 자칫 너무나 바쁜 일상을 보내다 보면 나 자신이 누구인지조차 잃어버릴 때가 있다. 나 자신은 잃어버리고 타인을 다 안다고 한들, 세상의 중심에 선다고 한들 무슨 소용이겠는가.

타인과의 관계도 중요하고 세상과 즐거운 시간을 보내는 것도 필요하겠지만 그런 시간만큼 나 자신에게도 특별한 시간을 할애해야 한다.

타인과 보내는 시간과 나 자신과 보내는 시간을 적절히 균형감 있게 유지해야 내 영혼이 풍요로워지고 또한 내가 발전할 수 있다.

나 자신과 시간을 보내는 방법은 많다. 남들 눈에는 이상해 보일 수도 있지만 거울 앞에서 거울 속 나 자신과 이런저런 얘기를 주고받는다든지, 공기 좋은 숲길을 홀로 걷는다든지, 자기만 알고 있는 멋진 장소를 찾아간다든지, 일기를 쓴다든지, 여러 방법 중에 자신에게 맞는 방법을 찾아 자신을 점검하고 위로하는 시간을 가져야 한다.

혼자만의 시간을 확보하라

세상은 참으로 빠르게 돌아간다. 신제품이라고 선보인 제품도 며칠만 지나면 고물 취급을 받는 세상이다. 그만큼 기술의 속도가 시간의 속도보다 앞서간다. 그렇기 때문에 그만큼 사람들은 새로운 기술을 남보다 더 빨리 발견하고 만들어내기 위해 더 바빠졌다.

아침 출근 시간을 보자. 참으로 정신없이 돌아간다. 잠에서 깨자마자 식사도 거르고 허둥지둥 회사나 학교로 향한다. 그리고 이리 시달리고 저리 시달리며 하루를 보낸다. 그리고 퇴근 시간이 되면 모임에 참석하거나 친구들을 만난다. 그리고 밤이 늦어서야 피곤한 몸을 이끌고 집으로 돌아온다. 다람쥐 쳇바퀴 돌듯 또 하루가 이렇게 지나간다. 대부분의 사람들이 이런 삶을 살고 있다. 이게 우리들의 현실이며 모습이다.

이러한 상황이 지속된다면 그 끝은 뻔하다. 그 끝을 점층적으로 과장해본다면 이렇지 않을까. 하루의 피로가 점점 쌓여 인생 자체가 무너지듯 지쳐갈 것이며, 자신도 모르게 쉽게 화를 내고 세상에 대한 불평불만이 점점 쌓여가고, 사람에 대한 지겨움과 역겨움으로 사람을 피하게 되고, 결국은 자신마저 미워하고 급기야 자아까지 상실하는 지경에 이를 것이다. 이런 결론을 바라는 사람은 아무도 없을 것이다.

그렇다면 나를 찾고 나의 성공을 확인하며 웃을 수 있는 결론을 맞이하기 위해선 어떻게 해야 할까?

앞서 말한 바와 같이 일단 자기에게 충실하고 자기에게 투자해야 한다. 술을 마시거나 게임에 빠지거나 노름을 하거나 유흥으로 스트레스를 풀려고 한다면, 그건 일시적인 만족감 외에는 자기 발전에 큰 도움이 안 된다. 이왕 어렵게 혼자만의 시간을 확보했다면 미래를 위해 건전한 투자를 해야 한다. 그리고 점점 그 시간을 늘려야 한다. 공부든 유학이든 취미든 반드시 주기적으로, 지속적으로 성숙하고 발전하는 시간을 가져야만 오늘과 다른 나를 만날 수 있다. 그 시간을 가지지 못한다면 그건 진짜 자신의 인생이 아니다. 누군가를 위해, 누군가에 의해 살아가는 껍데기에 불과할지도 모른다.

깊은 사색은 인생을 풍요롭게 한다

IMG의 마크 매코믹 사장은 자기 혼자만의 시간을 갖는 것이 얼마나 중요한지를 강조하는 사람이다. 한 기자가 그에게 질문을 했다.

"당신에게 있어 가장 중요한 시간은 언제입니까?"

그러자 그는 이런 예를 들어가며 말했다.

"나에게는 두 가지 중에 한 가지를 선택할 권리가 있습니다. 하나는 미국 대통령과 오찬 시간을 갖는 것이고, 또 하나는 매주 정해진 시간에 내가 좋아하는 테니스를 치는 시간을 갖는 것입니다. 나는 둘 중 어느 쪽을 선택할 건지 누군가 묻는다면 주저 없이 후자를 선택하겠습니다. 물론 그런 상황이 된 적은 없지만 그 정도로 개인시간이 중요하다는 것입니다."

지금의 삶에 만족하지 않고 더 나은 삶을 원한다면 많은 시간을 자신을 위해 써야 한다. 많은 일과 사람을 다루어야 하는 사람일수록 혼자만의 시간을 더 많이 가져야 한다. 그래야 늘 최고의 자리를 유지할 수 있다.

빌 게이츠는 일 년에 두 번 '생각주간think week'을 만들었다고 한다. 누구에게도 방해받지 않고 완벽하게 혼자만의 시간을 보내는 것이다. 그 시간은 지난날의 실수나 과오를 반성하고 또 미래를 어떻게 새롭게 열 것인가에 대해 고민하는 시간이며 휴식의 시간이다. 그런 시간을 가졌기에 그의 생각은 지치지 않고 늘 생동감 있는 것이다.

고독이 깊어지면 병이 되지만 잘 활용하면 작품이 된다

예술가에게 있어 혼자만의 시간은 참으로 중요하다. 어쩌면 고독과 외로움이 작품에 대한 내면의 열정을 끌어내는지도 모른다.

반 고흐가 젊었을 때 실연을 당했다. 사랑하는 여자에게 사랑받고 싶었던 욕망이 좌절되자 그는 깊은 고독감에 빠졌다. 그리고 숱한 일들을 통해 그는 빈털터리가 되었고 마침내 모든 사람들과 접촉을 끊고 철저히 섬이 되고 말았다. 그때부터 그는 본격적으로 그림을 그리기 시작했다. 그림 그리는 것이 유일한 삶의 희망이었고 또한 자신이 살아 있음을 느끼게 하는 장치였다. 그에게 고독이 없었다면 어쩌면 그는 그저 불우한 인생을 살다 간 안타까운 인생으로 마감했을지도 모른다.

나는 가수 이승환을 꽤 좋아한다.

어느 날 인터뷰에서 한 기자가 '고독과 불행'에 대해 묻자 그는 이렇게 대답했다.

"외로움과 불행은 가수의 미덕인 것 같다."

그리고 이승환은 또 말을 이었다.

"사람들이 나에게 바라는 것이 '슬픈 발라드'라고 할 때 나에게 외로움, 불행, 고민들이 있어야 그런 것들이 노래에 녹아든다. 그리고 듣는 사람들은 그런 노래들을 자신의 일상적인 경험들과 결합시켜 감동을 느끼는 것 같다."

가수들에게 고독과 불행이 어느 정도 필요한 것들이라는 얘기다.

나도 감성적인 글을 썼던 예전에는 일부러 내 마음을 한없이 슬프고 우울하게 만든 적이 있다. 방 안에 앉아 불을 꺼놓고 슬픈 음악을 듣는다든지, 내 가슴을 아프게 했던 일들을 떠올린다든지, 눈을 깜박거려 눈물을 짜낸 경우도 있다. 그런 감정을 갖고 글을 쓰면 훨씬 더 감성적이고 깊이 있는 글이 써지기도 했다. 결국 모든 예술은 어울려 만들어지는 듯하나 지극한 한 사람의 고독과 노력에 의해 만들어지는 것이다.

인생도 그렇다. 발전된 인생을 살기 위해선 발전의 시간을 가져야 한다. 발전의 시간이라는 건 결국 혼자가 감당하고 극복해야 할 고통의 시간이며 고독의 시간이다.

그 시간을 스스로 만들어내고 그 시간을 잘 활용하고 잘 버티는 자만이 훗날 자기 이름 앞에 성공이라는 단어를 붙일 수 있는 것이다.

세상에서 나 혼자인 듯한 고독, 그 누구의 도움도 받을 수 없을 것만 같은 고독, 그 누구도 내 얘기를 들어주지 않는 고독, 그 고독감을 만들자. 그래야 더 단단해질 수 있고 더 깊어질 수 있고 더 성숙해질 수 있다. 고독한 영혼이 되자.

고독을 위한 의자 _이해인

홀로 있는 시간은

쓸쓸하지만

아름다운 호수가 된다

바쁘다고 밀쳐두었던 나 속의 나를

조용히 들여다볼 수 있으므로

여럿 속에 있을 땐

미처 되새기지 못했던

삶의 깊이와 무게를

고독 속에 헤아려볼 수 있으므로

내가 해야 할 일

안 해야 할 일 분별하며

내밀한 양심의 소리에

더 깊이 귀 기울일 수 있으므로

그래,

혼자 있는 시간이야말로

Think more deeply

내가 나를 돌보는 시간

여럿 속의 삶을

더 잘 살아내기 위해

고독 속에

나를 길들이는 시간이다

19 창조의 법칙 :
새 틀을 짜는 사람이 되어라

이 세상에서 제일 무서운 것은
가난도 걱정도 병도 슬픔도 아니다.
그것은 생에 대하여 권태를 느끼는 것이다.

_마키아벨리

이것이 가망이 없다면 언제 그만둘까?

한 회사의 사보에 내 글을 싣고 싶다고 원고 청탁을 받은 적이
있다. 그때 기고한 글이다.

"정명훈 님, 서울시립 교향악단의 지휘자 직을 맡아주실 수 있겠
습니까?"

어느 날, 서울시립 교향악단의 한 관계자가 정명훈을 찾아왔다.

"저에게 시간을 좀 주십시오."

며칠간의 고민 끝에 그는 지휘자 직을 수락하기로 마음먹었다.

"좋습니다. 그러나 한 가지 부탁이 있습니다."

"그게 뭡니까?"

"오디션을 통해 새롭게 단원을 구성하겠습니다."

관계자는 난처한 표정을 지으며 말했다.

"기존 단원들은 하나같이 뛰어난 실력을 가진 연주자들입니다. 그런데 왜 굳이……."

그는 미소를 지으며 말했다.

"기존 단원들의 실력이 최고 수준임을 잘 압니다. 그러나 오케스트라는 다 같이 하나가 되어 하모니를 내야 합니다. 혼자 기량을 뽐내는 소리를 듣고자 하는 것이 아닙니다. 그리고 단원들과 내 마음도 통해야 하고요. 저는 최고의 하모니를 낼 수 있는 연주자와 더불어 이제 갓 대학을 졸업한 열정적인 연주자를 새로 채용하고자 합니다."

관계자는 정명훈의 제안을 받아들였다. 곧바로 오디션이 시행되었고 마침내 최고의 팀워크를 갖춘 오케스트라가 탄생되었다.

정명훈이 세계적인 지휘자가 되고 그 명성을 이어가고 있는 가장 큰 이유는 그가 타고난 능력과 노력을 갖추었을 뿐만 아니라 지난 것을 버리고 새 틀을 짜는 데 능한 사람이기 때문이다. 타성에 젖어 기존의 것을 계속해서 고집한다면 기업이건 사람이건 발전이 없다. 버릴 때는 과감히 버리고 바꿀 때는 과감히 바꾸고 손해나 위험을 감수해야 한다면 기꺼이 받아들여야 한다. 그래야 변화할 수 있고 더 높이 더 멀리 앞서 나갈 수 있다. 우리는 늘 자기 자신에게 물어야 한다.

"이것이 가망이 없다면 이것을 언제 그만둘까?"

버릴 때 버릴 줄 아는 현명함

나는 도종환 시인의 시를 자주 읽는데, 그의 시 중 엄지손가락을 치켜들 만한 시가 있어 소개한다. 〈다시 피는 꽃〉이라는 시다.

가장 아름다운 걸 버릴 줄 알아

꽃은 다시 핀다

제 몸 가장 빛나는 꽃을

저를 키워준 들판에 거름으로 돌려보낼 줄 알아

꽃은 봄이면 다시 살아난다

가장 소중한 걸 미련 없이 버릴 줄 알아

나무는 다시 푸른 잎을 낸다

하늘 아래 가장 자랑스럽던 열매도

저를 있게 한 숲이 원하면 되돌려줄 줄 알아

나무는 봄이면 다시 생명을 얻는다

변치 않고 아름답게 있는 것은 없다

영원히 가진 것을 누릴 수는 없다

나무도 풀 한 포기도 사람도

그걸 바라는 건 욕심이다

바다까지 갔다가 제가 태어난 강으로 돌아와

제 목숨 다 던져 수천의 알을 낳고

조용히 물밑으로 돌아가는 연어를 보라

물고기 한 마리도 영원히 살고자 할 때는

저를 버리고 가는 걸 보라

저를 살게 한 강물의 소리 알아듣고

물밑 가장 낮은 곳으로 말없이 돌아가는 물고기

제가 뿌리내렸던 대지의 목소리 귀담아듣고

아낌없이 가진 것을 내주는 꽃과 나무

깨끗이 버리지 않고는 영원히 살 수 없다는……

비운다는 것은, 버린다는 것은 퇴보를 의미하는 게 아니다. 두 걸음 전진을 위한 한 걸음 후퇴, 라는 말처럼 새로운 것을 채우고 더 나아지기 위한 과정이다.

아무리 맛깔 나는 음식이 눈앞에 산더미처럼 쌓여 있다고 한들

이미 배가 꽉 차 있다면 그것은 '그림의 떡'에 불과하다. 그것을 먹으려면 일단 속을 비워야 한다. 채우기에 앞서 선행되어야 할 것이 바로 버리는 일이다.

버리는 것을 아까워하지 마라. 버림으로써 우리는 더 많은 것을 얻을 수 있다. 그러나 인간의 욕망이란 게 요망하고 간사해서 물질에 대한 집착이나 소유욕으로부터 자유로워진다는 건 참으로 어려운 일이다. 그러기에 타이밍이 중요하다. 더 이상 욕심 부리지 말고 적당한 타이밍에 버려야 하는 것이다.

버리는 것에 대한 미련보다 얻는 것에 대한 기쁨을 선택하라

하나를 선택하면 다른 하나를 버려야 한다. 중고등학교 때 이미 우리는 그것을 '기회비용'이라고 배웠다. 누구나 갖고 싶은 것은 많지만 이를 획득할 재원은 한정되어 있다. 여기서 선택의 문제가 생기고 우리는 매 순간 선택을 하면서 살아간다. 포기한 것에서 얻을 수 있는 가치를 기회비용이라고 부른다.

빵을 먹어야 할지, 아이스크림을 먹어야 할지 둘 중에 하나만을 선택해야 할 때, 아이스크림을 선택했다면 빵에 대한 기회비용은 아이스크림이 되는 것이다. 이처럼 우리는 선택에 앞서 현명한 판단을 내려야 한다.

인생에서도 기회비용이 발생하기 마련이다.

두 가지 다 선택할 권한이나 능력이 있다면 좋겠지만 우리의 삶은 그리 넉넉하지가 않다.

자신이 이루고자 하는 꿈도 그렇다. 현명한 선택으로 위대한 삶을 산 인물도 많다.

루쉰은 의사의 길을 포기하고 문학가가 되었고 반 고흐는 목사의 길을 포기하고 화가가 되었다.

어떤 것이 현명한 선택인지는 결국 자신의 몫이다.

음악에 소질이 있는 소년이 있었다. 빵집 주인인 아버지는 아들에게 성악 공부를 시켰다. 아들은 성악 공부를 하면서 동시에 사범대학교를 다녔다. 졸업할 때가 된 아들은 아버지에게 자기는 선생님도 되고 싶고 성악가도 되고 싶은데, 어떻게 하면 좋겠냐고 물었다. 그러자 아버지는 아들에게 이렇게 말했다.

"루치아노야! 두 개의 의자에 앉으려고 하면 그 사이로 떨어지고 만단다. 한 개의 의자를 선택하도록 해라."

아버지의 말을 듣고 아들은 성악을 선택했고, 훗날 세계적인 성악가가 됐다.

그가 바로 세계적인 성악가 루치아노 파바로티이다.

창조는 기존의 파괴에서 시작된다

창조도 마찬가지다. 새로운 것을 만들어내기 위해선 기존의 생각이나 사상이나 기술을 버려야 한다.

223

창조는 파괴로부터 시작된다는 말이 있다. 새로운 문화나 문명이 탄생하기 위해선 기존의 정서나 틀, 상식이나 질서를 파괴하는 과정이 필요하다. 물론 새로운 문화나 문명을 만드는 창조자들은 그 당시, 대중들의 비난과 외면을 피할 수 없다.

그러나 먼 훗날, 우리는 그들을 기억하고 칭송한다. 결국 세상을 바꾼 것은 소수의 창조자들이다.

'파괴와 창조'라는 단어가 아깝지 않은 인물이 있다. 바로 백남준이다. 1960년 독일의 한 콘서트 홀에서의 일이다. 쇼팽을 연주하고 있던 백남준은 갑자기 연주를 중단하고 울음을 터뜨리며 피아노를 마구 부수더니 이내 객석으로 뛰어 내려갔다.

그리고 그의 음악적 스승이던 미국의 전위음악가 존 케이지의 셔츠와 넥타이를 잘라냈다. 거기에 그치지 않고 또 옆에 앉아 있던 피아니스트 데이비드 튜더의 머리에 샴푸를 퍼부었다. 이를 본 스톡 하우젠이 봉변을 당할까봐 뒷걸음질 치자 백남준은 큰 소리로 '너 따위는 필요 없다'라는 말을 남기고 공연장을 유유히 빠져나갔다. 그리고 극장 인근의 술집에서 맥주를 한잔 마시며 공연장으로 전화를 걸어 이렇게 말한다.

"저 백남준입니다. 퍼포먼스는 끝났습니다."

그의 퍼포먼스는 단순한 돌출행동이 아닌 철저히 계획된 표현이었다. 피아노와 넥타이와 샴푸는 이성 중심과 남성우월에 대한 도전이었고, 객석으로의 진출은 무대에만 한정된 공간을 객석으로 확장시킨 것이다.

파괴하고 창조하는 작업이 단지 예술가의 전유물은 아니다. 기업도 그렇다. 끊임없이 파괴와 창조를 반복하지 않으면 글로벌 경쟁 환경 속에서 살아남기 어렵다.

기존의 상식을 뒤엎고 성공한 사례를 우리는 종종 접할 수 있다.

롯데제과 '자일리톨'과 만도위니아 '딤채'가 대표적인 예일 것이다.

자일리톨 껌은 포장부터 달랐다. 기존의 껌은 모두 종이 포장지로 싸여 있었다. 그러나 자일리톨 껌은 마치 의약품인 것처럼 약통과 같은 용기나 알약을 먹듯 포장을 눌러 먹도록 해놓았다. 제품 그 자체의 경쟁력이 있었지만 포장지의 남다른 차별화로 큰 인기를 얻는 데 한몫했다.

만도위니아 '딤채'도 같은 경우다. 김치냉장고를 처음 내놓았을 때 사람들은 모두 고개를 갸웃거렸다. 냉장고가 있는데 굳이 김치냉장고가 필요할까, 하고 말이다. 그러나 출시한 후 몇 개월이 지나자 김치냉장고는 선풍을 일으켰다. 우리나라의 특성상 냉장고의 대부분을 김치가 차지하고 있기 때문에 따로 김치냉장고를 만들면 좋겠다는 만도위니아의 판단이 소비자의 마음을 사로잡은 것이다. 기존의 틀을 깨는 기업만이 살아남고 소비자의 마음과 인식을 선점할 수 있다.

225

헨리 뉴웬의 〈죽음, 가장 큰 선물〉의 이야기다.

어머니 자궁 안에 있는 이란성 쌍둥이가 대화를 나눈다. 여동생이 오빠에게 말했다.

"오빠, 태어난 후에도 분명 삶이 있을 거야."

"아니야. 동굴 속 같은 이곳이 전부야."

"분명 이 캄캄하고 답답한 곳보다 더 좋은 곳이 있을 거야. 마음껏 움직일 수 있고 환한 빛이 비치고 말이야."

"과연 그런 곳이 있을까?"

"그래, 있을 거야. 우리 한번 밖으로 나가볼까?"

새로운 세상을 원한다면 동굴 밖으로 나와야 한다. 파괴를 통해 다시 태어나야 한다. 비난이나 외면을 두려워한다면 영원히 동굴 속에서 발버둥치는 삶이 될 것이고 기존의 틀과 질서를 깨고 밖으로 나온다면 분명 인생의 찬란한 빛을 볼 수 있을 것이다.

세계적 미래학자 엘빈 토플러는 한 언론과의 인터뷰에서 이렇게 말했다.

"조금 뜬금없는 소리라고 생각할지 모르겠지만 좋은 친구를 많이 사귀는 것은 견문과 사고를 넓히는 데 많은 도움이 된다. 특히 상식적인 유형에 속하지 않을 굉장히 특이한 사람들에게 마음을 열면 재미있는 세상을 만날 수 있다."

욕심으로 채울 공간에 행복을 채우자

물질하면 곧 돈이 연상되는 시대다. 돈이 많으면 좋겠지만 그것이 집착이 되어선 안 된다. 뭐든지 지나치면 그건 불행의 시작을 의미한다.

한 구두쇠가 있었다. 그는 돈을 모아 금덩어리를 샀다.

금덩어리를 앞마당의 땅을 파서 묻어두었다. 그렇게 모아둔 금덩어리가 무려 백여 개에 가까웠다.

어느 날 자선사업가가 찾아와 자기 일에 동참할 것을 요구했다. 그러나 그는 거절했다.

며칠 후 도둑이 들어 그 많은 금덩이를 모두 꺼내갔다. 그는 대성통곡을 하며 슬퍼했다. 그 모습을 본 자선사업가는 이렇게 말했다.

"슬퍼하지 마세요. 어차피 사용도 하지 않을 금덩이인데 그곳에 돌멩이를 채워두면 되지 않소?"

또 다른 이야기다. 한 의사가 할머니 한 분의 생명을 큰 수술을 통해 구해냈다.

완쾌된 할머니는 의사에게 다가와 연신 고개를 숙이며 감사했다.

그리곤 예쁘게 수놓은 손지갑을 내밀며 말했다.

"제가 어떻게 감사의 표시를 해야 할지 모르겠네요. 자, 이것 받으세요. 제가 손수 짠 손지갑입니다."

의사는 손지갑을 보고 인상을 찌푸렸다.

"지금 무슨 말씀이세요? 겨우 손지갑이 뭡니까? 돈을 주세요. 삼백만 원을 달란 말이에요."

그러자 할머니는 실망스러운 표정을 지으며 말했다.

"손지갑 안에 천만 원이 있었는데 칠백은 도로 가져가야겠군요."

돈이 많으면 삶이 윤택해지고 편안해진다. 그렇다고 행복과 비례하는 건 아니다.

백 개를 가진 자보다 하나를 가진 자가 더 행복할 수 있다. 내 것을 버릴 줄 알고 내 것을 양보하고 내 것을 남에게 주는 것이 손해 보는 일이 아니다. 버리는 자만이 더 많은 행복을 차지하는 것이다.

오늘 밤 내 마음의 방에 뭘 채워야 할지 걱정하지 말고 내 방에 없어도 될 것, 굳이 붙들고 있지 않아도 될 것이 뭔지를 생각해보자. 그리고 그것들을 방 밖으로 내보내자. 그러면 마음의 방에 환한 빛이 드리울 것이다.

Think more deeply

인터넷 신문 《프레시안》에 이거룡 동국대 연구교수가 인도에 대해 기고한 글이 있다. 그 중에 〈아름다운 파괴〉라는 글을 부분 소개한다.

전통적으로 인도 사람들의 사고방식 속에서는 언제나 파괴가 창조보다 우선이었다. 세계 창조에 대한 이야기는 언제나 파괴로부터 시작한다. 이를 가리켜 흔히 '끝에서 시작하는 역사'라고 말한다.

힌두교의 삼신 가운데 최고의 신으로 꼽히는 쉬바Siva는 파괴를 주관하는 신이다. 아니 신이 뭐 할 일이 없어서 파괴를 일삼는가? 의아해 할 수도 있을 것이다. 거룩한 신이 파괴를 일삼다니? 의아해 할지도 모른다. 쉬바의 파괴는 창조를 위한 파괴이다. 파괴를 위한 파괴가 아니다. 쉬바의 파괴가 없다면 브라흐마의 창조 또한 있을 수 없다. 말하자면 창조적인 파괴이다.

파괴가 염두에 두어야 할 가장 중요한 점은 연속이다. 단절은 죽음이다.

20 준비의 법칙 :

소나기는 언제라도 내릴 수 있다, 미리미리 우산을 준비하라

인생은 화살이다. 그러므로 당신은 알아야 한다.
표적이 무엇인가를. 활을 어떻게 사용할 것인지를.

_헨리 벤 타이크

준비, 그 자체가 큰 성과

몇 해 전, KBS 프로그램인 〈TV, 책을 말하다〉의 구성작가로부터
전화 한 통을 받은 적이 있다.

"김현태 님이시죠?"

"예. 맞습니다. 그런데 누구시죠?"

"KBS 프로그램인 〈TV, 책을 말하다〉의 구성작가인데요. 이 주
일 후에 《유혹의 기술》이라는 책으로 방송을 할까 하는데 패널로

나와주실 수 있으신지요. 김현태 님은 작가이면서 카피라이터로 일하시는 걸로 알고 있습니다. 책이건 광고건 독자나 소비자의 마음을 유혹해야 하는 거잖아요. 그래서 이 책의 패널로 적합할 것 같아서요. 시간이 되겠습니까?"

나는 두려움이 앞섰지만 그렇다고 거절을 하고 싶지는 않았다.

방송 출연! 일생일대 이런 기회는 다시 오지 않을 것이다. 가문의 영광이다. 떨리는 목소리로 나는 말했다.

"예, 좋습니다. 나가겠습니다."

"그럼, 책을 보내드릴 테니 책을 읽고 녹화 날에 뵙겠습니다."

전화를 끊고 저녁 즈음, 퀵서비스로 책을 받았다. 참으로 편리한 세상이다. 그런데 그 책을 보고 깜짝 놀랐다. 책의 두께가 자그마치 700페이지에 가까웠다.

단 2주 만에 이 책을 읽어야 한다는 게 일단 큰 부담이 되었다. 시력도 나빠서 몇 줄만 읽으며 눈이 금세 아파오는데 참으로 걱정이었다.

그런데 설상가상으로 갑자기 바쁜 일이 터지고 말았다. 일주일 내내 밤샘 작업을 해야 하는 일이었다. 팀의 사활이 걸린 중요한 경쟁 PT가 생긴 것이다. 경쟁 PT 준비하느라 일주일 내내 책을 펼쳐보지도 못했다. 내 책상 위에 덩그러니 놓인 책을 바라보며 한숨만 내쉬었다. 가까스로 바쁜 일이 마무리되고 나머지 일주일 동안 틈틈이 책을 읽었다. 읽어봤다기보다도 어쩌면 수박 겉핥기 식으로 봤다고 해야 더 정확한 표현일 것이다. 결전의 날이 바로 코앞인데 왜 그렇게 긴장이 안 되고 무사태평인지 나도 모르겠다.

그렇게 하루하루가 지났다. 책이 눈에 잘 들어오지 않았다. 시간은 점점 다가오고 미리부터 겁이 났다.

다른 패널들은 전부 방송 베테랑들이었다. 그런 사람들 틈바구니에 끼어 과연 말이나 제대로 할 수 있을지, 가슴이 콩닥콩닥 뛰고 머리까지 어지러웠다. 드디어 녹화 날이 왔다.

준비도 제대로 하지 못한데다가 말발도 없고 경험도 없고 또 카메라 앞이라 더더욱 주눅이 들었다. 어떻게 녹화를 마쳤는지 정신이 하나도 없었다. 나중에 TV로 방송되는 것을 보았는데 나는 방송 한 시간 내내, 단 두 마디만 했다. 그나마 그 두 마디도 그다지 논리적이지도 않고 더듬대기까지 했다. 다른 패널들은 그러나 다들 제 몫을 한 것 같다. 다른 패널들이 2주라는 시간 동안 책을 다 이해했다고는 생각 들진 않지만 그래도 그들은 워낙 방송 경험이 많고 게다가 달변가이기 때문에 책에 대한 느낌이나 자신들의 생각을 막힘없이 술술술 잘 풀어냈다. 나름대로 철저히 준비한 흔적도 느낄 수 있었다.

TV를 본 가족들은 그래도 TV에 나온 것이 어디냐며 나를 대단하다고 우러러봤지만 나 스스로는 정말로 낯 뜨겁고 후회스러운 방송이었다. 아무리 많이 준비한다고 해도 모자랄 판인데 별 준비도 안 하고 무작정 덤벼들었다는 게 두고두고 후회가 되었다. 정말로 내가 왜 그런 상태로 나갔는지 지금도 나를 모르겠다.

한참 시간이 지난 후, 다시 그 책《유혹의 기술》을 읽어보았다. 물론 700페이지까지 다 읽지 못했지만 이 글을 쓴 작가가 참으로 대단하다는 생각이 들었다. 로버트 그린이라는 저자는 이 책을 집필하기 위해 무려 13년이라는 집필기간 동안 수많은 동서양의 역사와 문헌을 연구했고 카사노바, 마를린 먼로, 클레오파트라, 존 F. 케네디 등 위대한 유혹자들의 회고록과 자서전을 비롯해 오비디우스의《사랑의 기술》,《오디세이아》, 라클로의《위험한 관계》, 무라사키 시키부의《겐지 이야기》, 보카치오의《데카메론》, 셰익스피어의 작품, 프로이트와 플라톤의 저서 등에 이르기까지 수많은 고전들을 섭렵했다고 한다.

저자의 그런 노고도 모르고 내가 그 짧은 시간 안에 그것도 다 읽은 것이 아니라 대충 훑어보고 토론에 참가했다는 게 저자에게 미안하고 죄송스러운 마음이 들었다. 준비 없이 덤빈 나 자신이 참으로 어리석고 한심스러웠다.

준비한 만큼 표시가 나는 것 같다. 아무리 자신이 부족하다고 해도 남보다 더 많은 시간을 투자하고, 남보다 더 많은 생각을 쏟아부으면 분명 그 차이는 있다. 그러나 우리들은 작은 준비로 많은 성과를 기대한다. 때론 기대보다 많은 성과를 얻을 수도 있겠지만 그건 그때의 운일 뿐 다음번에는 절대로 일어나지 않는다. 철저히 준비한 자는 분명 그 준비한 만큼의 성과를 얻는다. 설령 기대에 미치지 못한다고 한들 후회만은 없을 것이다. 준비, 그 자체가 이미 큰 성과이기 때문이다.

때를 놓치지 마라

중국 명나라의 유학자였던 왕양명의 이야기다.

제자 한 명이 왕양명에게 물었다.

"스승님, 도대체 도가 무엇입니까?"

왕양명이 시큰둥하게 대답했다.

"배가 고프구나. 어서 밥이나 먹자."

다시 제자가 심각한 얼굴로 되물었다.

"스승님, 왜 제 질문에 대답을 해주시지 않습니까? 저에게 알려주십시오. 도대체 도란 무엇입니까?"

왕양명은 귀찮다는 듯 손가락으로 귀를 후볐다.

제자는 조금 화가 났다.

"스승님, 저는 스승님을 이십 년 가까이 모셨습니다. 그런데 왜 제 말에 귀를 기울이지 않고 귀찮아하십니까? 제가 그 정도밖에 안 됩니까?"

그러자 왕양명은 역시나 귀찮다는 듯 말했다.

"뭘 그렇게 알려고 하느냐. 도가 별것이냐. 도란 잠 오면 자고 닭이 울면 일어나고 먹고살려면 일하고 심심하면 친구랑 노는 것이

234

지."

제자를 고개를 갸우뚱거리며 말했다.

"예? 그게 도라고요? 정확히 말씀해주세요. 제가 만족할 만한 답을 주십시오."

왕양명은 진지하게 말했다.

"지금이 무엇을 할 때인지 잘 알고 그 일을 행하는 것, 그게 바로 도이다. 지금 배꼽시계가 자꾸 울리는구나. 어서 밥 먹자. 지금은 밥 먹을 때다."

그때야 비로소 제자를 고개를 끄덕였다.

"역시 스승님이십니다. 얼른 밥상을 차리겠습니다."

모든 일에는 때가 있다. 그때를 놓치면 기회를 놓치고 후회만 남는다. 때를 잘 잡는 사람이 성공을 하는 것이다. 그렇다면 인생을 바꿀 최상의 때는 언제 오고 누구에게 오는가? 바로 철저히 준비가 되었을 때 오고 또한 진득하게 기다릴 줄 아는 자에게 온다.

준비된 자에게 기회가 온다

미래에 벌어질 일을 정확히 알 순 없지만 예측할 수는 있다. 성급하게 굴지 않고 조금만 차분히, 깊게 생각하면 충분히 앞으로 벌어질 일을 예측할 수 있다. 그것은 자기에게 닥칠 위기나 기회에 대처할 방법을 미리 준비할 수 있다는 얘기다. 차분히 생각하고 준비한다면 앞으로 일어날 모든 일은 행운이 될 것이다. 찬스에 강한 사람이 될 수 있다. 이미 예약된 행운의 주인공이 될 수 있다.

삼성 이건희 회장은 이렇게 말했다.

"우리의 꿈은 여기에 머물 수 없으며, 세계 초일류 기업이 바로 우리가 이루어야 할 진정한 미래다. 그동안 우리 삼성은 세계의 일류 기업들에게 기술을 빌리고 경영을 배우면서 성장해왔으나, 이제부터는 어느 기업도 우리에게 기술을 빌려주거나 가르쳐주지 않을 것이다. 앞으로 우리는 기술 개발은 물론 경영 시스템 하나하나까지 스스로 만들어야 하는 자신과의 외로운 경쟁을 해야 한다."

준비하는 과정은 분명 고통의 시간일 것이다. 그러나 자신이 원하는 일이 반드시 이루어질 거라는 믿음이 있다면 그 시간은 참고 견딜 만할 것이다. 준비된 자에게 필요한 건 기다림이다. 기회가 올 때까지 잘 참고 기다려야 한다.

최명희의 《혼불 1》에 이런 대목이 나온다.

"기다리는 것도 일이니라.
일이란 꼭 눈에 띄게 움직이는 것만이 아니지.
이런 일이 조급히 군다고 되는 일이겠는가.
반개한 꽃봉오리 억지로 피우려고
화덕을 들이대랴, 손으로 벌리랴.
순리가 있는 것을."

설렁탕에 사용할 진국을 우려내기 위하여 8시간 정도 기다려야 한다. 윔블던 테니스장은 일 년에 두 주간을 사용하기 위해 일 년 내내 잔디를 가꾸고 준비한다. 올림픽 100미터 경기 단 9초를 위해 선수들은 4년의 시간을 땀과 투혼으로 준비한다. 소설가 박경리는 《토지》를 25년간 집필했다. 등장인물이 600명에 이르고 총 4만 장의 원고지를 완성했다. 외로운 시간 동안 차근차근 준비하였기에 위대한 작품이 완성될 수 있었다.

서두르거나 조급하게 달려들면 실수하거나 손해를 입기 십상이다. 차분하게 그리고 가혹하리만큼 철저한 준비하고 때를 기다려야 한다. 준비된 자에게 행운이 오는 것이다. 결코 먼 곳에서 오지 않고 어느 순간에 갑자기 찾아온다. 그것을 알아차리지 못하거나 그 기회를 내 것으로 만들 준비가 되어 있지 않으면 행운을 얻을 수 없다.

준비했다면 조급할 게 없다, 믿고 기다려라

어느 농촌에 오랜 동안 비가 내리지 않자, 동네 사람들은 마을회관 앞에 모여 비를 내려주십사 기우제를 지내게 되었다. 그러나 동네 사람들은 간절함은 있었으나 믿음이 없었다.

"이렇게 한다고 정말로 비가 오겠어?"

"그러게 말이야. 비는 오지 않을 거야."

기우제가 끝나고 집으로 가려는데 갑자기 비가 내렸다. 우산이

없던 동네 사람들은 모두 마을회관 안으로 들어왔다. 그런데 한 아이만이 우산을 들고 밖으로 나왔다. 그 아이는 기우제를 하면 반드시 비가 오리라는 믿음을 갖고 우산을 미리 준비한 것이다.

그러고 보니 어릴 때 생각이 난다. 수업을 마치고 집으로 가려고 복도를 나서는데 느닷없이 비가 내렸다. 미리 우산을 준비해 온 학생은 우산을 쓰고 집에 가고, 미리 우산을 들고 와 기다리는 엄마도 있었다. 그러나 나는 엄마가 끝내 오지 않아 그냥 비를 맞고 집에 왔다. 아침에 엄마가 지나가는 말로 허리가 아픈 걸 보니 비가 오려나, 하는 말에 나는 설마하고 그냥 학교에 왔다. 비를 맞으며 집으로 오는 길 내내 엄마를 조금 원망하기도 했지만, 한편 엄마는 참으로 대단하다는 생각도 했다. 엄마 말씀을 들었으면 이런 일은 없었을 텐데.

어른이 된 지금, 나는 늘 우산을 준비한다. 내 가방에는 늘 우산이 들어 있다. 우산이 있다는 사실에 늘 마음이 든든하다. 어떤 날은 비가 왔으면 하는 마음이 들 때도 있다. 남들에게는 없는, 나만의 준비된 우산을 맘껏 자랑하고 싶기도 하고 준비된 나의 모습을 남들 앞에서 우쭐거리고 싶기도 했다.

인생도 마찬가지다. 준비된 인생은 하루하루가 든든하고 그 어떤 위기가 닥쳐도 그것을 쉽게 극복하고 기회로 전환할 힘을 가지고 있는 것과 같다. 혼란할수록, 위기일수록 늘 영웅이 탄생하고 새로운 것이 개발되듯 남들이 아닌 나 자신이 그런 주인공이 될 수 있을 것이다.

행운이나 기회는 우연이란 게 없다. 다만 준비된 사람에게만 우연처럼 찾아오는 것이다. 그 우연도 어쩌면 스스로 만든 것이다. 지금 우연을 가장한 성공을 만들면 어떨까?

Think more deeply

한 회사가 이탈리아의 기업에 합병된다는 소문이 돌았다. 그런데 그 소문은 곧 현실이 되었다.

경영자는 전 직원을 불러 모았다.

"회사 사정이 어려워서 어쩔 수 없는 선택이었습니다. 이탈리아 기업과 합병이 되었습니다. 그렇기 때문에 부득이하게 몇몇 해고를 해야겠습니다. 해고의 절차는 시험입니다. 이탈리아어 시험을 보겠습니다. 기준치의 점수보다 낮으면 그 사람은 해고입니다. 시험은 일주일 후에 보겠습니다."

직원들은 해고당하지 않기 위해 열심히 이탈리아어를 공부했다. 그런데 김 대리는 여유가 있었다.

"자네는 왜 공부 안 하나? 해고당하고 싶어서 그래?"

드디어, 시험 날이 다가왔다. 시험 결과는 의외였다. 시험 공부라도 한 시간도 하지 않은 김 대리가 최고의 점수를 맞았다.

"도대체 자네 어떻게 된 건가?"

그러자 김 대리가 미소 지으며 말했다.

"전 이탈리아와 합병한다는 소문이 돌 때부터 이탈리아어를 공부했습니다."